INHALTSVERZEICHNIS

Vorwort	6
B.A.R.F: Warum eigentlich?	8
Die Umstellung auf B.A.R.F.	9
Wie schaut es mit der Ausgewogenheit aus?	9
Kalzium : Phosphor-Verhältnis – Was heißt das?	10
Richtiges Zubehör	11
Erstellen eines Futterplans	12
Praktische Beispiele	13
Tagesfutterpläne – Beispiele	16
Die goldenen B.A.R.F.-Regeln	23
Die einzelnen Nahrungsmittel – was soll man füttern?	24
Fleisch liefert Energie!	25
Knochen	25
Obst und Gemüse – frisch oder schockgefroren?	27
Obstportionen – Vorschläge	39
Gemüse ist gehaltvoll – wenn roh	42
Milchprodukte	50
Nüsse	52
Öle und Fette	54
Warum kommen bestimmte Nahrungsmittel in den Tabellen nicht vor?	55
Die große B.A.R.F.-Futterliste	58
Futterpläne – Vorschläge	59
Hund im Wachstum großer Rassen – getreidefrei	60
Hund im Wachstum großer Rassen – mit Getreide	61

Inhaltsverzeichnis

Hund im Wachstum kleiner Rassen	62
Erwachsene Hunde großer Rassen	63
Umstellungsplan für ältere Hunde	64
Allgemeinfutterplan für gesunde, erwachsene Hunde	65
Und was ist mit Leckerlis?	66
Fragen – Wieso, weshalb und warum?	**68**
Ist rohes Fleisch nicht gefährlich?	68
Warum roh?	68
Was kann ich füttern?	68
Warum kein Schwein?	68
Spitze Knochen?	69
Und die Salmonellengefahr?	69
Und was ist mit BSE?	70
Welche Knochen?	70
Knochen woher?	71
Fastentag – ja oder nein?	71
Nahrungszusätze – wenn ja, welche?	71
1. Spirulina und Clorella	71
2. Vitamin C	71
3. Kräuter	72
4. Öle	72
5. Perna Canaliculus	73
6. Milchprodukte	73
7. Eier	74
8. Propolis	74
Wie stellt man am besten um?	74
Wie viel braucht mein Hund?	75
Was heißt »Entgiftung« eigentlich?	75
Getreide – ja oder nein?	75
Pfui, Gemüse?	76
Muss ich alles pürieren?	76

Inhaltsverzeichnis

Was tun bei ...	76
Verstopfung	76
Durchfall	77
Erbrechen	77
Muss ich öfter entwurmen, wenn ich roh füttere?	77
Koprophagie (Kotfressen)	78
Schleimüberzogener Kot, ist der Hund krank?	79
Weißer, harter Kot, was nun?	79
Ist das alles auch ausgewogen?	79
Wie barfe ich im Urlaub?	79
Was, wenn ich keine Knochen füttern möchte?	79
Ist B.A.R.F. nicht furchtbar teuer?	80
Ist B.A.R.F. nicht ein großer Aufwand?	80
Täglich Gemüse, Fleisch, Knochen?	81
Von Algen, Propolis und anderen Schätzen der Natur	82
Spirulina & Chlorella	82
Natürliches Vitamin C	84
»Propolis kittet viele kranke Seelen ...«	86
Aloe Vera – »Ein Lebenselixier macht die Runde«	88
Entgiftungskur-Tipp	89
Ausleitung von Giftstoffen	89
Vitamine und Mineralien in Obst und Gemüse	92
Abschließende Bemerkung: »Der grüne Hund«	96
Quell- und Literaturverzeichnis	96
Kontakt zu den Autoren	96
Index	98
Die große B.A.R.F.-Futterliste zum Herausnehmen und Aufhängen	103

Vorwort

B.A.R.F oder »barfen« ist unter Hundebesitzern und -freunden in letzter Zeit zunehmend zum Begriff geworden. Im Internet findet ein reger Informationsaustausch über die Rohernährung von Hunden statt, die immer mehr Freunde findet. Eine gute, übersichtliche Anleitung für Einsteiger gab es aber bisher nirgends, so dass viele Hundebesitzer nach anfänglichem Interesse doch wieder zur herkömmlichen Fütterung zurückkehren, weil ihnen die Rohernährung und besonders die immer wieder gepredigte Ausgewogenheit zu kompliziert erscheint. Das ist sie aber gar nicht! Unser Ziel war deshalb, mit dieser kleinen Futterfibel die wichtigsten Informationen zu B.A.R.F. übersichtlich zusammenzustellen, um damit Hundebesitzern und -freunden eine Ansammlung von Tipps, Anregungen, Informationen und Möglichkeiten rund um die Hundeernährung richtig zugänglich zu machen.

Die nächsten Seiten beschäftigen sich deshalb mit Futterlisten (Gemüse, Obst, Fleisch und Knochen), sinnvollen Futterzusätzen, der Philosophie von B.A.R.F., warum barfen, wie barfen, wie anfangen, was einkaufen, wie zubereiten, was auf jeden Fall, was auf keinen Fall, wie viel von allem und so weiter. Gedacht als kleiner Leitfaden, als Anregung und hoffentlich als Denkanstoß, haben wir in langer Kleinstarbeit, in unzähligen Telefonaten, Lesestunden, Seminaren, Studien, Dissertationen und Erfahrungsberichten diese Seiten zusammengestellt, um den Einstieg in die natürliche Fütterung zu erleichtern.

In unserer verhaltenstherapeutischen Hundeschule »Mein Partner Hund« haben wir im Laufe der Jahre immer wieder die Erfahrung gemacht, dass einige Verhaltensweisen durchaus mit einer Fehl- bzw. Falschernährung in Zusammenhang stehen können. Gerade bei Allergien mit Juckreiz, Unwohlsein oder Nervosität führt eine Futterumstellung oft zur erheblichen Besserung. Ein gesundes Immunsystems hängt von einem gesunden Darm ab und ein gesunder Darm von der richtigen Ernährung. Dazu gehört auch, den Hund (sich selbst übrigens auch!) nicht unnötig mit chemischen Zusätzen zu belasten.

Wir möchten nicht behaupten, dass man allgemein auf Fertigfutter, Arzneimittel, Wurm- und Parasitenmittel verzichten soll, aber man sollte sich der Verantwortung dem vierbeinigen Freund gegenüber – in Ernährung wie auch Gesundheit – einfach etwas bewusster sein und zumindest einmal gründlicher über diese Dinge nachdenken. Mit der B.A.R.F. Entscheidung hat man im Gegensatz zu allen industriell gefertigten Produkten den genau-

Vorwort

en Überblick, was eigentlich gefüttert wird – und betrachtet man manche Inhaltsstoff-Etiketten, ist dies sicherlich kein Nachteil.

Nicht jede bequeme Gewohnheit, nicht jede über Jahre hin vorgefertigte Meinung, schon gar nicht die überlieferten und ewig im Hinterkopf gehaltenen Aussagen von so genannten Futterexperten sind Garant für Wahrheit und Gesundheit.

Dazu später mehr – es gibt Alternativen, die jedes Hundeherz höher schlagen lassen.

In diesem Sinne ...

Viel Spaß beim Lesen!

Sabine L. Schäfer & Barbara R. Messika

B.A.R.F. –
Warum eigentlich?

Fertigfutter ist schon etwas Bequemes: Verpackung auf, rein in den Napf und fertig ist die moderne Fütterung. Vorausgesetzt, man hat sich zuvor entscheiden können, welche der zahlreich angebotenen Futtersorten von »Junior« bis »Senior« und »Light« bis »Energy« oder »Kleinhund« bis »Großhund« denn nun für den eigenen Liebling die richtige ist. Der Blick auf die Deklaration der Inhaltsstoffe ist für die meisten auch eher verwirrend als hilfreich.

Warum aber etwas ändern, das so bequem und scheinbar auch zufriedenstellend ist? Die meisten B.A.R.F.-Anhänger haben deshalb begonnen, sich Gedanken um die Fütterung ihres Hundes zu machen, weil irgendein gesundheitliches Problem vorlag, dem man nicht so richtig auf die Spur kam. Allergien sind oft so eine Sache, aber auch einfach erhöhte Anfälligkeiten mit Infektionen »alle Nase lang«. So war es auch bei uns. Mit viel Skepsis haben wir damals das Experiment »Rohernährung« gewagt – und nie mehr bereut!

Als wir damals unseren Tierarzt auf die artgerechte Rohernährung, kurz B.A.R.F. (diese Abkürzung für »Bone and Raw Food« wurde ursprünglich vom australischen Tierarzt Dr. Ian Billinghurst in seinem Buch »Give your dog a bone« geprägt und wird hierzulande meist mit »Biologisch Artgerechter Rohfütterung« wiedergegeben) ansprachen und wissen wollten, was er von roher Fleisch- und Knochenfütterung hielt, wurde er bleich und erhob warnend den Finger: Knochen wären für Hunde gänzlich unverdaulich, führten zu Verdauungsstörungen und könnten in keinster Weise dem Organismus nützen. Oha, wie gut, dass das die hündischen Vorfahren nicht wussten ... »Rohes Fleisch macht Hunde aggressiv«, ist auch so eine oft gehörte Volksweisheit oder »Hunde fressen keinen Salat«.

Dabei ist rohes Fleisch das natürlichste Hundefutter der Welt, oder? Wölfen und Wildhunden wird in freier Wildbahn auch kein Schnitzel vom Metzger serviert, sondern sie fressen ihr Beutetier mit Haut, Mageninhalt und sogar je nach Größe des Beutetiers mit Haar und Knochen. Streng genommen ist ein Kaninchen gar keine reine Fleischmahlzeit. Dazu kommt, wie man heute aus Beobachtungen weiß, dass auch Beeren, Kräuter und Gräser auf dem saisonalen Speisezettel von Wölfen stehen. Mit B.A.R.F. versuchen wir, diese Ernährung wieder so gut wie möglich nachzuahmen, denn eines ist gewiss: Getreide und Getreidenebenprodukte sind sicherlich nicht das Hauptnahrungsmittel von Caniden, und doch nehmen ausgerechnet diese einen großen – manchmal sogar den größten – Anteil in Fertigfutterprodukten ein! Und fragt man seine Großeltern nach den Hunden von früher, die hauptsächlich von Tischabfällen ernährt wurden, so wurden die im Durchschnitt erstaunlicherweise älter und lebten gesünder, wenn sie nicht gerade für schwerste Arbeiten eingesetzt wurden. So wurden Hofhunde aus Familienkreisen im Schnitt bis zu vier Jahre älter als die meisten heutigen Hunde.

Aber wie beginnen? Gehen wir einmal sämtliche Punkte durch, die es zu beachten gibt!

Die Umstellung auf B.A.R.F.

Ganz oder gar nicht heißt hier die Devise und so sollte zumindest bei jungen, gesunden Hunden, sogar schon bei Welpen, keine schrittweise Umstellung oder Mischung mit Fertigfutter erfolgen, sondern eine direkte Umstellung. Je jünger die Hunde, desto leichter fällt der Wechsel.

Ist der eigene Hund schon etwas älter oder hat durchweg Gesundheits- oder Verdauungsprobleme, dann würde sich eine schrittweise Umstellung sicherlich schonender gestalten. Schrittweise und schonender in dem Sinne, dass man zwar ebenso direkt umstellt, allerdings mit Nahrungsmitteln, die nachweislich leicht verdaulich sind, weichen Knochen wie Hühnerhälsen zum Beispiel. Im weiteren Verlauf unseres Futterratgebers finden Sie noch genaue Futterpläne für die Umstellung von älteren, geschwächten oder vielleicht kranken Hunden.

Wie schaut es mit der Ausgewogenheit aus?

Da uns seit langer Zeit die Werbung suggeriert, dass unsere Hunde nur gesund bleiben können, wenn sie mit einem Fertigfutter täglich ausgewogen in gleicher Vitamin-, Mineralstoff- und Rohstoffkombination versorgt werden, müssen wir erst wieder anfangen, logisch zu denken.

Lassen Sie sich also nicht verunsichern – Ausgewogenheit wird über Wochen, ja sogar Monate erzielt und ist ganz sicher nicht mit jeder einzelnen Mahlzeit notwendig. Innerhalb eines bestimmten Zeitraumes sollte dem Organismus das Lebensnotwendige zugeführt werden – dieses erreicht man über Wochen mit frischer, wechselnder Nahrung. Wir müssen wieder anfangen, uns selbst unsere Gedanken zu machen:

Wer von uns hat sich jemals bemüht, geschweige denn es jemals geschafft, sich tagtäglich ausgewogen zu ernähren? Richtig, niemand! Und das ist auch gut so, da wir Menschen sicherlich kein Leben lang fertiges Einerlei ertragen würden und wollten.

B.A.R.F.

Machen Sie sich also keine Sorgen wegen der Ausgewogenheit, die ist bei abwechslungsreicher, frischer und roher Kost über längere Zeiträume gegeben.

Und wenn man es genau wissen möchte: Um eventuellen Mängeln vorzubeugen, kann man immer noch ein Blutbild anfertigen lassen.

Kalzium : Phosphor-Verhältnis – Was heißt das?

Viele Märchen, Tipps, Überlieferungen, Züchtermeinungen, Tierarztempfehlungen, Gerüchte, Halbwissen, Angaben von Futtermittelherstellern und vieles, vieles mehr ranken sich um das Verhältnis dieser beiden Mengenelemente, zu denen auch Magnesium, Natrium, Chlorid und Kalium gehören.

Je größer der Hund, je größer das zu tragende Gewicht, desto wichtiger die Versorgung und das richtige Verhältnis der beiden Stoffe. Beide sind verantwortlich für die Stabilität, quasi die Statik des Skelettes, Kalzium ist wichtig für die Muskelkontraktion, das Nervensystem und die Blutgerinnung, während Phosphor eher bei der Zellvermehrung und den Fetttransport, aber auch bei der Bildung energiereicher Phosphate eine große Rolle spielt.

Das ideale Verhältnis wird angegeben mit 1,3 (Ca) : 1 (Ph).

Doch warum ist das richtige Verhältnis denn so wichtig?

Ein einfaches Beispiel: Fleisch hat ein Ca/Ph Verhältnis von 0,07 : 1, also viel Phosphor, wenig Kalzium. Füttert man nun größtenteils Fleisch, besonders jungen Hunden große Mengen, dann wird das fehlende Kalzium aus den Knochen herangezogen – wird diese Fehlernährung lange Zeit beibehalten, dann kann man davon ausgehen, dass das Skelett Schaden nimmt.

Die Schäden werden eventuell noch nicht unmittelbar auftreten, aber man kann gewiss sein, dass der Hund unter der Fehlfütterung leiden wird.

Auch umgekehrt gibt es Störungen durch ein Ungleichgewicht, daher ist es wichtig, sich in etwa an die vorgeschlagene Formel von 1,3 : 1 zu halten.

Sieht man sich die wilden Vorfahren unserer Hauswölfe an, so stellt man fest, dass diese sich auch nicht einseitig ernähren – im Gegenteil – das Beutetier, beispielsweise ein Hase, liefert viele verschiedene Nährstoffe – sogar Fell, Knochen, Innereien, der Mageninhalt etc. werden vertilgt und liefern ihrerseits gute Nährstoffe.

Wer die irrige Annahme vertritt, Caniden seien ausschließliche Fleischfresser (daher finden wir die Bezeichnung Carnivor etwas einseitig), dem sei gesagt, dass auch Früchte, Beeren, Gras und Kräuter gerne genommen werden, wenn sie nicht schon im Mageninhalt des Beutetieres vorkommen.

Müssen Sie sich jetzt Sorgen machen, dass Sie Ihren Hund fehlernähren?

Nein, solange das Verhältnis Fleisch/Knochen/Kalziumprodukte eingehalten wird, kann eigentlich nichts schief gehen.

Natürliche Ausgewogenheit hat unsere Hunde groß, stark und gesund werden lassen – ohne große Rechnerei – gerade bei großen Hunden ist es einfach wichtig, die Fleischversorgung, also das Rohprotein ein wenig zu drosseln, da sie ansonsten in die Höhe schießen, ohne dass die Knochen mit Mineralisieren nachkommen.

Fazit: Eher weniger Fleisch und dafür mehr fleischige Knochen füttern – und immer daran denken: Vitamin-C-reiche Lebensmittel fördern die Aufnahme von Kalzium, also Obst und Gemüse gerne mehr füttern, als auf dem Plan, falls der Hund noch Hunger haben sollte.

Auch Vitamin D ist wichtig für die Kalzium-Aufnahme und ölhaltige Speisen wie Olivenöl, Nüsse, Leinöl etc. enthalten sehr viel Vitamin D.

ABER: Wer glaubt, nur über Milchprodukte Kalzium zuführen zu können, unterliegt einem fatalen Irrtum – die gute Milch beispielsweise besitzt 3 Teile Kalzium, demgegenüber aber 5 Teile Phosphat – also Ph-Überschuss. Wer partout keine Knochen füttern möchte, der sollte auf Kalziumcitrat oder andere Ca-Ersatzstoffe zurückgreifen, aber seinem Hund entgeht dadurch ein wahrer Kaugenuss, natürliche Zahnpflege, natürliches Kalzium und unendlich viel Spaß beim Knabbern!

 Richtiges Zubehör
Das A und O einer jeden Zubereitung!

1. Mixer / Pürierstab
Mixer oder Pürierstab braucht man, um alle Zutaten so klein wie möglich zu zermatschen, damit der Hund die pflanzliche Zellulose richtig aufschließen kann. Nur so kann der hündische Organismus alles Gesunde optimal verdauen und von den vielen natürlichen Vitaminen, Mineralstoffen und Spurenelementen profitieren!

2. Hackbeil / Fleischwolf / Knochenmühle
Besonders für kleinere Rassen ist es besser, die Knochen zu zerhacken, damit sie nicht größer sind als der Hund. Auch gierigen Schlingern sollte man Dinge wie z. B. Hühnerhälse besser gewolft füttern.

3. Fleischermesser
Es muss nicht gleich eine komplette Fleischerausrüstung angeschafft werden, aber ein, zwei richtig scharfe Messer können nichts schaden. Gerade bei frischem Pansen (zäh wie Gummi) hat sich ein scharfes Messer als echte Hilfe erwiesen! Im Übrigen sollte man Küchenmesser aus hartem Stahl und niederlegiertem Chromstahl – wenn überhaupt – nur getrennt in der

B.A.R.F.

Spülmaschine reinigen, da sie sonst rosten und stumpf werden können, wenn sie an anderen Metallen reiben!

4. Küchenwaage
Gerade am Anfang hat sich das Abwiegen als besonders hilfreich erwiesen. Oft sind B.A.R.F.-Einsteiger etwas verunsichert, was die richtige Menge angeht, daher empfiehlt sich hier der Griff zur Küchenwaage. Erfahrungsgemäß entwickelt man mit der Zeit jedoch ein gutes »Händchen« für das richtige Maß und kann auch so mal getrost auf dieses Utensil (z.B. im Urlaub) verzichten. Keine Angst – unsere Hunde müssen nicht täglich sondern auf einen langen Zeitraum hin ausgewogen ernährt werden. Man bedenke – in der Natur hört der Wolf auch nicht bei 100 Gramm auf! Mal gibt es größere, mal kleine Knochen – eben gerade so, wie sie vorhanden sind.

 Erstellen eines Futterplans

Erst einmal ist die Futtermenge abhängig von Alter, Gewicht, Aktivitätsgrad und Gesundheitszustand des Hundes. Als Besitzer, der seinen Vierbeiner wohl am besten kennt, kann man sich seinen Futterplan selbst prima errechnen. Hier dazu einige Beispiele, die man dann etwas nach unten oder oben abändern kann, je nach Bedarf (unten angehängt noch praktische Beispiele, die das Verständnis erleichtern):

Die Futter-Gesamttagesmenge:
Beträgt je nach den oben genannten Voraussetzungen zwischen 2 - 3 % des Körpergewichts! Ist der Hund sehr aktiv und schlank, dürfen es 3 % sein, ist Hundchen eher träge und vollschlank, sollte man mit 2 - 2,5 % starten.

Wie viel Fleisch, Gemüse & Knochen?
Hat man oben den Prozentsatz der Futter-Gesamttagesmenge errechnet, teilt man diese Grammzahl dann in 30 % Gemüse und 70 % Fleisch und fleischige Knochen.

Wie viel davon ist Fleisch und wie viel davon Knochen?
Die 70 % Fleisch und fleischige Knochen teilen sich nochmals in ca. 25 - 30 % Fleisch und der Rest ist Knochenanteil (der ja meist auch noch Fleisch mitliefert).

Merke: Gerade bei großen Rassen im Wachstum und älteren, oder kräftigeren Hunden lieber die reine Fleischmenge reduzieren und dafür ein paar Knochen mehr geben.

B.A.R.F. – Warum eigentlich?

Allgemeine Formel zum besseren Verständnis

2 - 3 %	vom Gewicht des Hundes	=	Futtergesamtmenge
30 %	von der Futtergesamtmenge	=	Gemüse / Obst
70 %	von der Futtergesamtmenge	=	Fleisch und fleischige Knochen
30 %	von Gesamtmenge (Fleisch & Knochen)	=	Fleischmahlzeit
70 %	von Gesamtmenge (Fleisch & Knochen)	=	fleischige Knochen (RFK)

 Praktische Beispiele

➡ *Lucy, Labradorhündin, quietschfidel, kastriert, leicht pummelig, 30 kg*

Gesamtfuttermenge:
Da sie eh schon etwas mopsig ist, bekommt sie 2 % ihres Körpergewichtes, also genau 600 g insgesamt.
(2 % von 30 kg = 600 g)

Von diesen 600 g sind
30 % Gemüsemahlzeit (also 180 g) und die restlichen
70 % verteilen sich auf Fleisch und fleischige Knochen. Also:
600 g abzüglich 180 g Gemüsemahlzeit sind genau 420 g Fleisch und fleischige Knochen.

Also nimmt man von den 420 g Fleisch und Knochen nochmals
30 % für reine Fleischmahlzeit (126 g Fleisch) und die restlichen
70 % sind fleischige Knochen, also 294 g.

Lucy bekommt also insgesamt 600 g Gesamtfuttermenge, wovon sie
180 - 200 g Gemüse bekommt,
126 g Fleisch und knapp
300 g fleischige Knochen.

B.A.R.F.

▶ *Alain, großer Schweizer Sennenhund, Rüde, unkastriert, 50 kg, wird sehr schlank gehalten, da er im Wachstum ist*

Gesamtfuttermenge:
Da er sehr schlank ist und ein sehr guter Futter- und Fettverwerter, bekommt Alain 3 % seines Körpergewichtes, also insgesamt 1500 g.

Von diesen 1500 g sind
30 % Gemüseanteil, also 450 g,
70 % Rest verteilen sich auf Fleisch und Knochen.
1500 g abzüglich 450 g Gemüsemahlzeit sind genau 1050 g Fleisch und fleischige Knochen (die errechneten 70 %).

Also nimmt man von den 1050 g nochmals
30 % für eine reine Fleischmahlzeit (315 g) und die restlichen
70 % fleischige Knochen, also 735 g.

Alain bekommt also insgesamt 1500 g, wovon er
450 g Gemüse/Obst bekommt,
315 g Fleisch und knapp
735 g fleischige Knochen.

Da er einer sehr großen Rasse angehört, die im Endgewicht bis zu 65 kg erreichen kann, wird er sehr schlank gehalten, damit er eher langsam wächst und seine Knochen nicht überlastet. So kommt es vor, dass er mehr Gemüse bekommt, dafür aber eine geringere Fleischmahlzeit (pur) und dafür aber wiederum ein wenig mehr Knochen.

Klappt alles wunderbar und er wächst und gedeiht! Seine Röntgenauswertung war, obwohl einige seiner Wurf-Geschwister unter OCD und Ellenbogendysplasie leiden, sehr gut; Hüfte, Schulter, Ellenbogen und Kniegelenke sind gesund.

▶ *Mia, Westhighland White Terrier, Hündin, 6,5 kg, kastriert, mittlerweile rundum gesund*

Gesamtfuttermenge:
Mia bekommt 2,5 % ihres Körpergewichtes, also ca. 160 g Gesamtfuttermenge.

B.A.R.F. – Warum eigentlich?

Diese 160 g teilen sich auf in
30 % Gemüse (knapp 50 g) und
70 % Fleisch und fleischige Knochen (112 g).

Diese 112 g beinhalten wiederum
30 % Fleisch (knapp 35 g) und
70 % fleischige Knochen (knapp 80 g).

Gerundet gibt das dann folgende Angaben:
160 g Gesamtfuttermenge, aufgeteilt in
50 g Gemüse (oft auch mehr),
35 g Fleisch und
80 g fleischige Knochen.

➡ *Maxwell, Westhighland White Terrier, Rüde, 4 kg, wöchentliche Gewichtskontrollen, da noch im Wachstum*

Gesamtfuttermenge:
Maxwell bekommt 3 % seines Körpergewichts, also 120 g, da er noch im Wachstum ist.

Diese 120 g bestehen aus
30 % Gemüse (also 36 g) und
70 % Fleisch und fleischige Knochen (84 g).

Diese 84 g unterteilen sich wiederum in
30 % (ca. 26 g) Fleisch und
70 % (knapp 60 g) fleischige Knochen (RFK).

Im Klartext bedeutet das für Maxwell:
120 g Gesamtfuttermenge
36 g Obst und oder Gemüse
26 g Fleisch
60 g RFK

B.A.R.F.-Tipp für sehr schlanke Hunde:
Getreide (zusätzlich) bei Bedarf, wenn zum Beispiel der Hund zu dünn ist oder mit Gemüse, Fleisch und Knochen nicht satt wird.

B.A.R.F.

 Tagesfutterpläne

Beispiele und Anfangshilfen zur täglichen Futterzubereitung:

Beispiel 1:
a) Für sehr schlanke Hunde im Wachstum (mit Getreide)

Gemüsezu-bereitung	Getreide/ Kohlenhydrate	Fleischportion	Knochenportion
• Zucchini • Salat • Apfel • Olivenöl • Karotten • Quark	• Nudeln	• Rinderhackfleisch	• Rinderknochen

Zubereitung:
- Das Gemüse wird zusammen mit dem Quark und dem Öl in einen Mixer gegeben und zu einer Tagesportion vermengt

Portionierung:
- Trennung von Fleisch und Getreideprodukten (wegen der langen Verdauungszeit)
- Aufteilung der Futtermenge über den Tag je nach Alter und Größe des Hundes (je größer die Rasse, desto kleinere Portionen häufiger über den Tag verteilen – wegen der Gefahr einer Magendrehung)
- **Beispiel:**
    - Morgens: Gemüse und Fleischportion vermengen
    - Mittags: Gemüse und Getreideportion vermengen
    - Abends: Knochenportion

B.A.R.F. – Warum eigentlich?

b) Für sehr schlanke Hunde im Wachstum (mit Getreide)

Gemüsezubereitung	Getreide/ Kohlenhydrate	Fleischportion	Knochenportion
• Salat • Brokkoli • Möhren • Lebertran • Hüttenkäse • Ei	• Reis	• Hühnchenfleisch	• Hühnerknochen

Zubereitung:
- Das Gemüse wird zusammen mit dem Hüttenkäse, dem Eidotter, der Eierschale und dem Lebertran in einen Mixer gegeben und zu einer Tagesportion vermengt

Portionierung:
- Trennung von Fleisch und Getreideprodukten (wegen der langen Verdauungszeit)
- Aufteilung der Futtermenge über den Tag je nach Alter und Größe des Hundes (je größer die Rasse, desto kleinere Portionen häufiger über den Tag verteilen – wegen der Gefahr einer Magendrehung)
- **Beispiel:**
    - Morgens: Gemüse und Fleischportion vermengen
    - Mittags: Gemüse und Getreideportion vermengen
    - Abends: Knochenportion

c) Für sehr schlanke Hunde im Wachstum (mit Getreide)

Gemüsezubereitung	Getreide/ Kohlenhydrate	Fleischportion	Knochenportion
• Spinat • Ei • Apfel • Lachsöl • Quark	• Hirseflocken	• ---	• Fisch (ganz mit Kopf und Gräten)

B.A.R.F.

Zubereitung:
- Das Gemüse wird zusammen mit dem Quark, dem Eidotter, der Eierschale und dem Lachsöl in einen Mixer gegeben und zu einer Tagesportion vermengt

Portionierung:
- Trennung von Fleisch und Getreideprodukten (wegen der langen Verdauungszeit)
- Aufteilung der Futtermenge über den Tag je nach Alter und Größe des Hundes (je größer die Rasse, desto kleinere Portionen häufiger über den Tag verteilen – wegen der Gefahr einer Magendrehung)
- **Beispiel:**
    - Morgens: Gemüse und vorgequollene Hirseflocken vermengen
    - Mittags: Gemüse und vorgequollene Hirseflocken vermengen
    - Abends: ganze(r) Fisch(e)

➙ **Beispiel 2:**

a) Für sehr kräftige, leicht zunehmende Hunde im Wachstum (ohne Getreide)

Gemüsezubereitung	Fleischportion	Knochenportion
• Zucchini • Salat • Apfel • Olivenöl • Karotten • Magerquark	• Rinderhackfleisch	• Rinderknochen

Zubereitung:
- Das Gemüse wird zusammen mit dem Quark und dem Öl in einen Mixer gegeben und zu einer Tagesportion vermengt

Portionierung:
- Aufteilung der Futtermenge über den Tag je nach Alter und Größe des Hundes (je größer die Rasse, desto kleinere Portionen häufiger über den Tag verteilen – wegen der Gefahr einer Magendrehung)
- **Beispiel:**
    - Morgens: Gemüse und Fleischportion vermengen
    - Mittags: Gemüse und Fleischportion vermengen
    - Abends: Knochenportion

B.A.R.F. – Warum eigentlich?

b) Für sehr kräftige, leicht zunehmende Hunde im Wachstum (ohne Getreide)

Gemüsezubereitung	Fleischportion	Knochenportion
• Salat • Brokkoli • Möhren • Lebertran • Hüttenkäse • Ei	• Hühnchenfleisch	• Hühnerknochen

Zubereitung:
- Das Gemüse wird zusammen mit dem Hüttenkäse und dem Lebertran in einen Mixer gegeben und zu einer Tagesportion vermengt

Portionierung:
- Aufteilung der Futtermenge über den Tag je nach Alter und Größe des Hundes (je größer die Rasse, desto kleinere Portionen häufiger über den Tag verteilen – wegen der Gefahr einer Magendrehung)
- **Beispiel:**
    - Morgens: Gemüse und Fleischportion vermengen
    - Mittags: Gemüse und Fleischportion vermengen
    - Abends: Knochenportion

c) Für sehr kräftige, leicht zunehmende Hunde im Wachstum (ohne Getreide)

Gemüsezubereitung	Fleischportion	Knochenportion
• Feldsalat • Möhren • Zucchini • Gurke • Rapsöl	• Rinderlunge	• Rinderknochen

Zubereitung:
- Das Gemüse wird zusammen mit dem Rapsöl in einen Mixer gegeben und zu einer Tagesportion vermengt

B.A.R.F.

Portionierung:
- Aufteilung der Futtermenge über den Tag je nach Alter und Größe des Hundes (je größer die Rasse, desto kleinere Portionen häufiger über den Tag verteilen – wegen der Gefahr einer Magendrehung)
- **Beispiel:**
  - Morgens: Gemüse und Rinderlungenportion vermengen
  - Mittags: Gemüse und Rinderlungenportion vermengen
  - Abends: Knochenportion

➡ Beispiel 3:

a) Für normale, gesunde erwachsene Hunde (mit Getreide)

Gemüsezubereitung	Getreide/ Kohlenhydrate	Fleischportion	Knochenportion
• Banane • Apfel • Salat • Leinöl • Ei • Möhren • Kohlrabi	• Reis	• Hühnchenfleisch	• Hühnerknochen

Zubereitung:
- Das Gemüse wird zusammen mit dem Leinöl, dem Eidotter und der Eierschale in einen Mixer gegeben und zu einer Tagesportion vermengt

Portionierung:
- Aufteilung der Futtermenge über den Tag je nach Alter und Größe des Hundes (je größer die Rasse, desto kleinere Portionen häufiger über den Tag verteilen – wegen der Gefahr einer Magendrehung)
- **Beispiel:**
  - Morgens: Gemüse und Fleischportion vermengen
  - Mittags: Gemüse und Reisportion vermengen
  - Abends: Knochenportion

B.A.R.F. – Warum eigentlich?

b) Für normale, gesunde erwachsene Hunde (ohne Getreide)

Gemüsezubereitung	Getreide/Kohlenhydrate	Fleischportion	Knochenportion
• ---	• ---	• Blättermagen ungewaschen vom Rind	• ---

Zubereitung:
- Blättermagen vom Schlachthof bestellen, leicht anfrieren und mit einem Elektromesser portionieren – danach die Portionen einfrieren und je nach Bedarf auftauen

Portionierung:
- Aufteilung der Futtermenge über den Tag je nach Alter und Größe des Hundes (je größer die Rasse, desto kleinere Portionen häufiger über den Tag verteilen – wegen der Gefahr einer Magendrehung)
- **Beispiel:**
    - Morgens: Blättermagenportion
    - Mittags: Blättermagenportion
    - Abends: Blättermagenportion
    - ACHTUNG: Das enthaltene vorverdaute Gras regt die Verdauung an, reinigt den Magen und der Hund wird öfter sein Geschäft verrichten müssen (übrigens eignet sich auch ungewaschener Pansen für eine Alleinmahlzeit)

c) Für normale, gesunde erwachsene Hunde (ohne Getreide)

Gemüsezubereitung	Fleischportion	Knochenportion
• Fenchel • Salat • Zucchini • Möhren • Apfel • Nachtkerzenöl	• Hühnerfleisch	• Hühnerknochen

Zubereitung:
- Das Gemüse wird zusammen mit dem Nachtkerzenöl in einen Mixer gegeben und zu einer Tagesportion vermengt

B.A.R.F.

Portionierung:
- Aufteilung der Futtermenge über den Tag je nach Alter und Größe des Hundes (je größer die Rasse, desto kleinere Portionen häufiger über den Tag verteilen – wegen der Gefahr einer Magendrehung)
- **Beispiel:**
    - Morgens: Gemüse und Fleischportion vermengen
    - Mittags: Gemüse und Fleischportion vermengen
    - Abends: Knochenportion

Die goldenen B.A.R.F. -Regeln

1. Roh, roh und nochmals roh!
Sowohl Fleisch als auch das meiste Gemüse, Obst und Knochen werden weder erwärmt, gekocht, gebraten, in der Mikrowelle erhitzt oder sonstwas – roh und frisch füttern, damit auch die Vitamine und wichtigen Nährstoffe, die bei höheren Temperaturen denaturieren würden, erhalten bleiben.

Gekochte Knochen können gefährlich werden, da die Kalziumstrukturen durch das Kochen die Substanz verändern und fast unverdaulich und splitternd werden – also roh, roh, roh und nochmals roh! Je jünger das Schlachttier, desto weicher und leichter verdaulich die Knochen.

2. Mahlzeiten trennen
Hier gibt es sicherlich wieder viele geteilte Meinungen, doch hat es sich erfahrungsgemäß bei vielen Hunden als das Beste herausgestellt, wenn man die unterschiedliche Verdauungszeit der einzelnen Nahrungsmittel beachtet.

Unsere Hunde bekommen Fleisch und Gemüse zusammenvermengt, allerdings Fleisch und Getreide getrennt. Gemüse und rohes Fleisch werden verhältnismäßig zügig verdaut, Getreide und Knochensubstanz brauchen etwas länger – daher die Trennung!

3. Gemüse und Obst pürieren
Ganz wichtig: Da der Verdauungstrakt des Hundes mit Zellulose, also den Zellwänden von Obst und Gemüse, nichts anfangen kann, sollte man die Lebensmittel kleinstmöglich pürieren, am besten im Mixer oder mit dem Pürierstab.

Die durchbrochene Zellulose wird nun für den Hundemagen verdaulich und mit einem Schuss Öl im Gemüse/Obstbrei können die guten (fettlöslichen) Vitamine aufgenommen und dem Organismus zur Verfügung gestellt werden.

Je kleiner püriert, desto besser für unseren Vierbeiner verwertbar.

Sie werden schon nach kürzester Zeit merken: B.A.R.F. ist eine artgerechte und gesunde Ernährung für den Hund – Erfolge in Aufzucht und Erhaltung geben dieser Fütterung Recht!

B.A.R.F.

Die einzelnen Nahrungsmittel – was soll man füttern?

Grundsätzlich gibt es natürlich viele unterschiedliche Meinungen darüber, was man dem vierbeinigen Liebling füttern kann und sollte und was nicht. Auch wir haben in unseren B.A.R.F.-Anfängen unsere eigenen Erfahrungen gemacht und von vielen verschiedenen Leuten Tipps bekommen, die sich nur sehr spärlich auskannten und deren gutgemeinte Ratschläge sich im Endeffekt als wenig sinnvoll entpuppt haben.

Erfahrungswerte sind wichtig, aber wir haben versucht, Erfahrung mit Nachforschungen aus Studien, Dissertationen und Büchern zu einem sinnvollen Rundum-Paket zu ergänzen.

Natürlich bleibt es jedem selbst überlassen, was er füttert und vor allen Dingen sollte jeder selbst ausprobieren, was sein Hund mag und was nicht bzw. was er gut verträgt, denn das ist die Hauptsache.

Allerdings gibt es bestimmte Dinge, die man über Nahrungsmittel in Bezug auf unsere Vierbeiner wissen sollte und daher sollen die angefügten Listen eine kleine Hilfestellung bei der Umstellung und Rohernährung darstellen.

Sicherlich ist unsere Liste auf Seite 58 noch zu ergänzen, natürlich kann man darüber streiten ob Knoblauch sinnvoll ist oder nicht, klar stirbt ein Hund nicht sofort, wenn er ein Stückchen Zwiebel verdrückt – all diese Sachen sind diskutabel, aber hier stehen ausschließlich Nahrungsmittel, die von uns als passende Nahrung für unsere Hunde angesehen werden.

»One man's meat is the other man's poison« – nicht alles, was wir als gesund erachten, ist auch akzeptabel für die Ernährung unserer Hunde.

Bei vielen Kräutern und Zusätzen haben wir uns zuallererst Informationen aus den großen Schweizer Giftdatenbanken zukommen lassen. Beispielsweise ordneten diese durchweg Zwiebelgewächse als toxisch für Hunde ein, was auch Knoblauch einschließt und der Nutzen, der dem Ganzen gegenübersteht, ist im Endeffekt doch zu gering, als dass man das Risiko eingehen sollte.

Natürlich kommt es auf die Menge an, allerdings funktioniert der Hundeorganismus auch anders als unserer und somit kann es vorkommen, dass Sachen, die für uns gesund und lecker erscheinen, beim Hund gegenteilige Effekte bei Dauerfütterung erzielen können.

Die einzelnen Nahrungsmittel

 Fleisch liefert Energie!

Hier haben wir als kleine Starthilfe einige Fleischsorten aufgeführt, die man füttern kann.

Rindfleisch (speziell auch das recht magere Kronfleisch ist sehr nahrhaft für Hunde)

Kalbfleisch (sehr mageres Fleisch, mit dem auch empfindliche Mägen gut klarkommen)

Lammfleisch (fett- und cholesterinarm, daher sehr gut für etwas fülligere Hunde geeignet)

Ziegenfleisch (recht fettarm)

Pferdefleisch (cholesterin-, fett-, und harnsäurearm)

Geflügel (sehr gut für Hunde im Wachstum)

Wild (Innereien vom Wild eher selten)

Fisch (Forelle, Seelachs, Lachs, Thunfisch, Sprotten, Makrelen, Sardinen etc. – Fisch enthält viel Jod und essentielle Fettsäuren, daher gerne ab und an einmal einen Fisch füttern). Auch hier gilt natürlich: Fische mit Kopf und Gräten roh füttern!

 Knochen

Knochen beinhalten Kalzium, Mineralien und vieles mehr, bieten dem Hund einen tollen Zeitvertreib und reinigen zudem ausgezeichnet die Zähne.

Anfangs scheut man sich noch, die Knochen roh zu verfüttern, aber hat man sich mal gewöhnt, wird man bemerken, wie viel Spaß es den Hunden macht, die Teile zu zernagen, wie erstaunlich sauber die Zähne bleiben und wie gut verdaulich rohe Knochen in Wirklichkeit sind.

Füttern kann man beispielsweise:
Rinderknochen (Ca-P Verhältnis: 2,2:1)

Rindermarkknochen (Ca-P Verhältnis: 2,2:1) eignen sich hervorragend als Zahnbürste, da sie so hart sind, dass die Hunde sich lange damit beschäfti-

B.A.R.F.

gen können, aber kaum etwas von ihnen abbricht – da aber nur das Mark wirklich gegessen werden kann, sind sie eher ein schöner Zeitvertreib

Luftröhre (Ca-P Verhältnis: 1:1,8) (Knorpelspangen sind eine schöne Beschäftigung und voll verdaulich)

Kehlkopf (Ca-P Verhältnis: 1:1,8) (Knorpel ist eine prima Beschäftigung und voll verdaulich)

Ochsenschwanz (Ca-P Verhältnis: 2,2:1) sehr hart und nicht unbedingt für B.A.R.F.-Starter geeignet, für Langzeitbarfer eine Delikatesse

Kalbsbrustknochen (Ca-P Verhältnis: 2,2:1) hervorragend für Hunde im Wachstum geeignet

Kalbsrippen (Ca-P Verhältnis: 2,2:1) hervorragend für Hunde im Wachstum geeignet

Kalbsschwanz (Ca-P Verhältnis: 2,2:1) auch geeignet für Hunde im Wachstum und ältere Hunde

Lammrippen (Ca-P Verhältnis: 1:1,7) sehr fett- und cholesterinarm

Geflügel (Hühnerhälse, Hühnerbeine, Hühnerflügel etc.) – roh ist alles voll verdaulich und auch weich genug zum Füttern – nur Vorsicht bei Junghunden und Hunden, die gerne schlingen: Die Flügelspitzen lieber mit einem Messer oder Beil abhacken. Je nach Größe des Hundes kann auch ein ganzes Hähnchen samt Innereien gefüttert werden – eben so wie in der Natur auch! Wir empfehlen besser Bio-Geflügel zu wählen.

Kaninchen Auch wenn es anfangs etwas makaber wirkt, ein Kaninchen ist grundsätzlich ganz samt Haut und Haar fütterbar. Das Fleisch ist schön mager und sogar der Kopf ist für Hundchen ein schmackhaftes Vergnügen!

Eigentlich kann man fast alle Knochen verfüttern – wichtig ist nur, dass man folgendes beachtet:

1. Kein Schweinefleisch und keine -knochen füttern (wenn doch das Fleisch gefüttert werden soll, dann nur, wenn es lange abgekocht wurde).
2. Knochen IMMER roh geben (außer Schweineknochen).

3. Besonders bei großen Knochen sollten die Schlachttiere nicht zu alt gewesen sein, da ansonsten die Knochen unglaublich hart und weniger gehaltvoll sein können.

Obst und Gemüse – frisch oder schockgefroren?

Eine gute Frage, wenn man bedenkt, dass schon lange nicht mehr das drin ist, was wir erwarten. Nitratverseuchte Böden, pestizidverseuchte Felder und Obst und Gemüse, welches nach wochenlanger Lagerung im Kühlschrank noch immer wie »frisch geerntet« aussieht.

Würden wir uns nur nach dem Äußeren orientieren, könnten wir fast auf den Gedanken kommen, reine Vitaminbomben zu füttern. Doch bei näherem Hinschauen zerplatzt dieser Traum wie eine Seifenblase, denn in Wirklichkeit sind es Mumien, schön eingehüllt, aber nur noch wenig Nutzen für die Gesundheit!

Natürlich sind einige heute schon viel kritischer als noch vor Jahren und der Weg zum Biobauern ist für viele von uns bereits zur Selbstverständlichkeit geworden. Dennoch sehen wir auch hier Lücken, die uns zum Nachdenken anregen. Da machen wir uns die Mühe und fahren zweimal die Woche zum Biobauern um die Ecke, erblicken ein schönes Lädchen im Landhausstil und finden frisches Obst und Gemüse in Holzkisten, was uns Frische und Natur pur suggeriert. Und dann fährt doch genau hier ein LKW rückwärts zur Lagertür und verpestet mit seinem Oldtimer das reine Biogemüse mit Abgasen. Und jetzt? Kaufen wir dieses mit Abgasen verseuchte Biogemüse oder doch besser im Laden an der Theke mit der Hoffnung, dass hier wenigstens nichts dergleichen passiert?

Alternativen sind vorhanden, aber leider nicht in dem Maße, wie wir uns das für die Rohernährung wünschen. Schön, dass es mittlerweile einige Gemüsesorten schockgefroren gibt, was bedeutet, dass das Gemüse direkt nach dem Ernten und Waschen bei hohen Minustemperaturen mit abdestilliertem flüssigen Stickstoff innerhalb von Sekunden schlagartig eingefroren wird. Hierbei bleiben die Zellen von Obst und Gemüse erhalten und es entsteht kein oder nur wenig Vitaminverlust. Der Nachteil ist, dass es nicht viele Gemüsesorten gibt, die für die Rohernährung verwertbar sind!

Grundsätzlich kann man sagen, je frischer das Obst und Gemüse eingefroren wurde und je tiefer die Temperatur dabei war, desto länger die Lagerungszeit und die Qualität. Friert man für die Rohernährung frisches Gemüse selbst ein, sollte man darauf achten, dass im Gefrierbeutel möglich wenig Luft enthalten ist. Folienschweißgeräte eignen sich hier hervorragend, um die Luft zu entziehen und das »gesunde Päckchen« für Wochen Vakuum zu verschließen.

B.A.R.F.

Von der Ernte bis zum Verkauf liegen Tage, wenn nicht Wochen, und obwohl alles in Kühlhäusern gelagert wird, ist bis zum eigentlich Einkauf oft nicht mehr viel von dem übrig, was wirklich wichtig ist. Welke Blätter und schrumpeliges Gemüse bestätigen uns das. Naturbelassen oder unbehandelt heißt also leider nicht immer hochwertiger.

Frischer Spinat zum Beispiel verliert wertvolle Vitamine bereits innerhalb von Stunden und Blattsalat seine Inhaltsstoffe, wenn er zu lange im Wasser liegt, deshalb vor dem Putzen kurz abspülen und sofort verarbeiten.

Die optimale Lagertemperatur für Obst und Gemüse liegt zwischen 5 und 10 Grad. Dadurch wird der Prozess des Verderbens verzögert. Auch sollte Gemüse – wenn nicht sofort verarbeitet – aus Gründen der Austrocknung immer verschlossen und lichtgeschützt im Kühlfach aufgehoben werden. Tupperware oder spezielle Folienbeutel eignen sich hier am besten. Für Gemüse, welches lange lagerfähig ist (Kohl, Wurzelgemüse etc.) ist eine Temperatur zwischen 8 und 12 Grad – vielleicht in einem Vorratsraum – genau richtig! Beim Auftauen ist darauf zu achten, dass man frischen Fisch, Fleisch und Knochen langsam, Obst und Gemüse dagegen schnell auftaut.

Auf der einen Seite sind wir also nach wie vor der Meinung, dass Bio immer noch besser ist als alles andere. Auf der anderen Seite ist eine gesunde Skepsis auch hier wünschenswert.

Nutzen wir also die Möglichkeit und kaufen Obst und Gemüse frisch, so bedeutet das, richtig zu säubern, damit Schadstoffe abgewaschen werden. Blumenkohl und Brokkoli legt man am besten einige Minuten in Salzwasser, damit Ungeziefer, das man nicht gleich erkennt, an die Oberfläche tritt. Salat nicht wässern, sondern nur kurz kalt abspülen und alle anderen Obst- und Gemüsesorten, die nicht geschält werden, verlieren einen Großteil ihrer Schadstoffe, wenn man sie nach dem eigentlichen Waschen für einige Minuten in Silicea Schüssler Salz (Nr. 11) legt.

Lebensmittel sollten immer am Stück gewaschen werden, da bereits beim Säubern und Zerkleinern zwischen 20 und 70 % der Vitamine verloren gehen!

Woher also nehmen?

Ob aus dem Discounter, Garten oder vom Biobauern – in erster Linie sollte das gute Zeug gründlich gewaschen und eben nur das gekauft werden, was die Jahreszeit auch gerade hergibt, da die meisten Gemüse und auch Obst ganzjährig aus anderen Ländern weite Strecken hinter sich bringen und entsprechend konserviert werden müssen.

Fazit: Entweder täglich frisch und sofort verarbeiten oder schockgefroren und portionsweise auftauen.

Die einzelnen Nahrungsmittel

 Was kann/darf gefüttert werden?

- **Ananas**

Inhaltsstoffe: Kalium, Magnesium, Phosphor, Eisen, Kupfer, Mangan, Zink, Jod, Vitamin C, Karotine, Verdauungsenzym Bromelin für die Aufspaltung von Fleisch-Eiweiß.

Gesundheit: In der Ananas steckt das Enzym Bromelin, welches die Eiweißspaltung und Fettverbrennung anregt. Sie hat einen hohen Vitamin-C-Gehalt und jede gute Eigenschaft eines Radikalausbremsers, leider aber auch einen unglaublich hohen Säuregehalt, daher gilt: Nur überreif und supersüß zermanschen, und natürlich nicht zu oft in den Obstbrei!

Anwendung: Je nach Saison mischen wir die leckeren Früchtchen in eine Obstmahlzeit mit Quark und Honig zusammen (schleck).

- **Äpfel**

Inhaltsstoffe: Etwa 300 Biosubstanzen wie organische Säuren, Gerbstoffe, Pektin, ätherische Öle, Vitamin C, B, Kalium, Kalzium, Phosphor, Eisen, Natrium, Zucker.

Gesundheit: Äpfel sind nicht nur gesund, sondern auch noch kalorienarme Sattmacher. So haben drei mittlere Äpfel gerade mal 250 Kalorien und stecken voller Pektin, einem Ballaststoff, der den Cholesterinspiegel senkt und den Säuregehalt im Körper neutralisiert. »An apple a day keeps the doctor away« sagt ein Sprichwort – Ein Apfel am Tag spart den Gang zum Arzt. Die Pektine aus reifen Äpfeln binden Schlacken und Gifte im Dünn- und Dickdarm und helfen bei deren Ausscheidung. Wichtig: Vorsicht, hier lieber Bio-Produkte einkaufen, da viele Äpfel durch lange Transportzeiten schon nur noch einen Vitaminbruchteil beinhalten, dafür aber viele Schadstoffe mit dem Wachsen und Spritzen erhalten haben.

Anwendung: Fast das ganze Jahr über gibt es fast täglich ein Stück Apfel sowohl in die Obst- als auch in die Gemüsemahlzeiten. Immer fein püriert und so rot und süß wie möglich!

- **Aprikosen**

Inhaltsstoffe: Viele Mineralstoffe und Spurenelemente, besonders Kalium und Eisen. B-Vitamine, Niacin, Folsäure, Pantothensäure. Viel Beta-Karotin und Lycopin.

B.A.R.F.

Gesundheit: Gut für Haut und Schleimhäute, wirken blutbildend, appetitanregend, etwas harntreibend und verbessern die Darmtätigkeit. Wichtiger Lieferant für Folsäure im Wachstum und bei Schwangerschaft.

Mit 200 g frischen Marillen kann der Tagesbedarf an Karotin gedeckt werden, das vor allem für die Sehkraft, für das Funktionieren des Stoffwechsels sowie für die Gesundheit und Straffheit der Haut unerlässlich ist. Das viele enthaltene Karotin ist unerlässlich für den Stoffwechsel.

Anwendung: Fein püriert und überreif als Mus unter den Obstbrei.

- **Bananen**

Inhaltsstoffe: 10 verschiedene Vitamine, besonders B6, 18 Mineralstoffe und Spurenelemente, besonders Kalium, Magnesium, Zink, Kalzium. Dazu Pantothensäure, Folsäure, Frucht- und Traubenzucker. Glückshormon Serotonin, Schlafmittel Tryptophan.

Gesundheit: Optimal wirksam, wenn Schale dunkelgelb mit braunen Flecken! Schützt bei Gastritis die Magenschleimhaut, bessert Magengeschwüre. Normalisiert zu hohes Cholesterin, beugt Adernverkalkung vor.
Wichtig: Zu viel Banane kann stopfend wirken.

Anwendung: Mit Quark und Apfel zusammen fein püriert und einem Schuss Honig und zusätzlich einem Löffel Hagebuttenpulver eine ideale Obstmahlzeit.

- **Birnen**

Inhaltsstoffe: Karotin, Vitamin C, 4 B-Vitamine, 16 % Kohlenhydrate, viel Kalium. Außerdem: Magnesium, Kalzium, Phosphor, Zink, Kupfer, Jod, Fruchtsäuren. Viel natürlicher Fruchtzucker, hormonähnliche Substanzen.

Gesundheit: Birnen sind verdauungsfördernd. Sie fördern die Darmbewegung bei der Verdauung (Peristaltik). Kalium entwässert, Gerbsäuren wirken sich günstig auf Magen- und Darmentzündungen aus. Mit betont basischen Inhaltsstoffen schützen sie vor Übersäuerung. Kiesel- und Phosphorsäure wirken positiv auf den Allgemeinzustand.

Anwendung: Auch hier gilt – selbst oder gerade dann, wenn die Schale schon bräunliche Flecken enthält und übergelb und reif aussieht, auch etwas matschig aber nicht faul, ist die Birne am besten zum Verspeisen für den Hund. Fein püriert mit anderem Obst als Obstmahlzeit geben.

Die einzelnen Nahrungsmittel

- **Brombeeren**

Inhaltsstoffe: Reichlich Vitamin C, Kalium, Magnesium, Eisen, Flavone, und einem hohen Gehalt an Ellagsäure, der krebshemmende Wirkungen bescheinigt werden.

Positives: Entgiftet (wie die verwandte Himbeere) die Leber, senkt Fieber, fördert die Verdauung, schleimlösend, blutreinigend und blutbildend, was sie ausgezeichnet als Schutz gegen Anämie (Eisen, Kupfer) hervorhebt. Gilt als krebsvorbeugend.

Normalisiert Reizleitungen der Nerven und Herzschlag, Flavone dichten Gefäßwände ab, helfen bei Verdauungsschwäche, bei Durchfall, Blasenentzündungen, Fieber, Halsschmerzen, Mandelentzündungen, Masern, Nasenbluten, Schnupfen, chronischem Bronchialkatarrh, Sodbrennen und Aufstoßen, auch gegen Flechten und Hautausschläge jeder Art.

Anwendung: Je nach Saison mischen wir die leckeren Früchtchen in eine Obstmahlzeit mit Quark und Honig zusammen.

- **Erdbeeren**

Inhaltsstoffe: Mehr Vitamin C als Zitrone. Insgesamt über 300 gesunde Substanzen: Säuren, ätherische Öle, Schleim, Pektin, Flavone, Gerbstoffe, Kalium, Kalzium, Phosphor, Eisen, Natrium.

Gesundheit: Erdbeeren machen Appetit, fördern die Verdauung, entschlacken den Körper, reinigen die Schleimhäute, stoppen Durchfall, beschleunigen die Wundheilung.

B-Vitamine für bessere Konzentration, gute Augen, schönes Fell, Natrium bindet Säuren im Körper, die Arthrose und arthritische Beschwerden auslösen können, entzündungshemmend durch Phosphor (baut Enzyme auf), das Eisen wirkt gegen Blutarmut (Anämie). Kalzium, Phosphor stärken vor allem bei jungen Hunden die Knochen und Zähne, ebenso wie der hohe Vitamin-C-Gehalt.

Anwendung: Je nach Saison mischen wir die leckeren Früchtchen in eine Obstmahlzeit mit Quark und Honig zusammen, aber auch hier gilt: Nur überreife Früchte verwenden!

- **Heidelbeeren**

Inhaltsstoffe: Vitamin C, Karotin, blauer Farbstoff »Myrtillin«, Eisen, Kalium, Natrium, B-Vitamine, Gerbstoff.

B.A.R.F.

Gesundheit: Gilt als »Geheimwaffe«, ist noch nicht völlig erforscht. Entgiftet bei Durchfall, tötet schädliche Kolibakterien ab. Wirkt blutbildend. Hält Blutgefäße geschmeidig, besonders im Gehirn und in den Augen

Anwendung: Je nach Saison mischen wir die leckeren Früchtchen in eine Obstmahlzeit mit Quark und Honig zusammen

- **Himbeeren**

Inhaltsstoffe: Viel Kalium, Eisen, Magnesium, Phosphor, Salicylsäure wie Aspirin, Pektin, Gerbstoffe, Flavone (Farbstoffe).

Gesundheit: Unterstützen tatkräftig die Leber beim Entgiften, festigen die Wände der ganz feinen Blutgefäße, helfen bei der Regeneration der Darmschleimhaut, haben eine allgemeine stoffwechselaktivierende Wirkung und sind gut bei Appetitlosigkeit, Blasenschwäche, Übelkeit, Schwäche und Blutarmut. Die Kerne fördern Verdauung. Unterstützen die Knochenbildung, wichtig für Stoffwechsel in den Muskeln, für alle Funktionen im Gehirn und in den Nerven, schützen Zellen vor Krebs.

Tipp: Sud aus den Blättern hilft gegen Entzündungen von Zahnfleisch, Darmschleimhaut, Husten, Halsweh, Durchfall, andere Infektionen.

Anwendung: Je nach Saison mischen wir die leckeren Früchtchen in eine Obstmahlzeit mit Quark und Honig zusammen.

- **Holunderbeeren (Grenzfall)**

Inhaltsstoffe: Reich an Vitaminen A, B, und C. Höchster Selengehalt aller Früchte! Flavone.

Gesundheit: So, hier haben wir schon den ersten Grenzfall, denn rohe Beeren sind absolut nicht zu empfehlen, wirken sogar giftig und können schlimmen Brechdurchfall auslösen.

Hat man eine kleine Menge Früchtchen aber gekocht und den Saft abgesiebt, kann man ihn oder das Holundermus (wirklich nur eine kleine Menge) unter das Obst mischen, da es die Durchblutung verbessert. Es bindet auch Schwermetalle (Entgiftung) und das beinhaltete Selen bekämpft »freie Radikale« (Zellschutz). Holunder wird zurzeit als Krebsschutz untersucht.

Anwendung: Kleine Menge Holundersaft (gekocht) zusammen mit Apfelmus einmal vor dem Winter kurmäßig 1-2 Tage lang unter die Obstmahlzeit.

Die einzelnen Nahrungsmittel

- **Johannisbeeren rot und schwarz**

Inhaltsstoffe: Rote oder schwarze – beide sind Vitaminbomben, der Vitamin-C-Gehalt ist enorm hoch, dazu B-Vitamine, gesunde Farbstoffe (Flavone), Kalzium, Phosphor, viele andere Mineralien.

Gesundheit: Der hohe Vitamin C-Gehalt stärkt die körpereigenen Abwehrkräfte. Hält die Gefäße elastisch, schützt so vor Arteriosklerose, helfen bei akutem Durchfall durch Vernichten von Kolibakterien. Stärken in kleinen Mengen das Immunsystem. Die roten und blauroten Pflanzenfarbstoffe (Anthozyane) haben eine heilungsfördernde Wirkung auf die Zell-, Gehirn-, Drüsen- und Stoffwechselfunktion. Sie wirken harntreibend und blutreinigend, unterstützen die Leber, sie kräftigen das Zahnfleisch und helfen bei Zahnfleischbluten.

Anwendung: Je nach Saison mischen wir die leckeren Früchtchen in eine Obstmahlzeit mit Quark und Honig zusammen.

- **Kirschen**

Inhaltsstoffe: Flavone, hohe Konzentration von Kalium, Kalzium, Eisen, Magnesium, Phosphor, Kieselsäure, Vitamine C, Karotin, B1, B2, B3. Am besten dunkle Sorten wählen und natürlich überreif und süß.

Gesundheit: Kirschen sind besonders für junge Hunde wirksam für den Aufbau von Knochen, Zähnen, Blut. Dunkle Farbstoffe sind wie Aspirin: Sie bremsen Entzündungsstoffe in den Gelenken und lindern dadurch arthritische Beschwerden auf Dauer.

Anwendung: Je nach Saison mischen wir die leckeren Früchtchen in eine Obstmahlzeit mit Quark und Honig zusammen, aber Vorsicht mit den Steinen/Kernen!

- **Kiwis**

Inhaltsstoffe: Hat dreimal mehr Vitamin C als Zitrusfrüchte, das Enzym Actinidin, das tierisches Eiweiß spaltet, dazu Gerbsäure.

Gesundheit: Kiwis kräftigen das Immunsystem, festigen die Blutgefäße, das Bindegewebe und regen die Muskeltätigkeit an, speziell die des Herzmuskels. Der enthaltenen Proleotynsäure schreibt man zu, dass Cholesterin abgebaut und die Blutzirkulation verbessert wird. Sie sind blutreinigend, harntreibend, abwehrstärkend und unterstützen die Eiweißverdauung.

B.A.R.F.

Achtung! Auch hier gilt wegen des erhöhten Vitamin-C- und Säuregehaltes: Vorsicht bei Hunden mit Magenproblemen.

Merke: Kiwis spalten den Milchzucker und somit entsteht ein Bitterstoff. Aus diesem Grund sollten Kiwis ohne Milchprodukte gefüttert werden. Wenn doch, dann darauf achten, dass Hundchen sein gesundes Futter schnell vernascht!

Anwendung: Überreif und geschält unter den Obstbrei!

- **Mandarinen, Klementinen, Tangerinen, Satsumas**

Inhaltsstoffe: Provitamin A, Vitamin C, Mineralstoffe und reichlich Fruchtzucker.

Gesundheit: Aufgrund des hohen Vitamingehaltes hervorragend zur Stärkung der körpereigenen Abwehrkräfte geeignet und aufgrund des Vitamin C-Gehaltes besonders zur Vorbeugung vor Infekten.

Vorsicht: Ziemliche Säurebomben, die Hunden mit Übersäuerungsproblemen arge Schwierigkeiten bereiten können.

Anwendung: Äußerst selten mal unter die Obstspeise und auch hier gilt: püriert und süß, süß, süß, weil überreif!

- **Orangen**

Inhaltsstoffe: Reichlich Vitamin C, B-Vitamine, Kalium, Magnesium, Kalzium, Phosphor, Beta-Carotin, Zellschutzstoffe, Bioflavonoide (sitzen in der weißen Haut unter der Schale, also mitpürieren!), Selen.

Gesundheit: Orangen wirken blutreinigend und senken hohen Blutdruck und hohen Cholesterinspiegel. Stärken die körpereigene Abwehr. Beugen Infektionen durch Virenabwehr vor. Schützt Zellen gegen »freie Radikale« (aggressive Sauerstoffmoleküle), dichten feinste Blutgefäße ab und stärken die allgemeine Abwehr durch hohen Vitamin-C-Gehalt, der allerdings schon nach 1-2 Stunden nach Zubereitung absinkt, also wenn reif und zügig verfüttern, auch hier gilt: Vorsicht bei säurevorbelasteten Hunden – alle Zitrusfrüchte können in dieser Hinsicht Probleme bereiten.

Anwendung: Äußerst selten mal unter die Obstspeise und auch hier gilt: püriert und süß, süß, süß, weil überreif!

Die einzelnen Nahrungsmittel

- **Pfirsiche, Nektarinen**

Inhaltsstoffe: Reichlich Vitamin A, B, C, Kalzium, Kalium, Magnesium, Natrium, Eisen, Zink, Beta-Carotine, Flavone.

Gesundheit: Stärken das Immunsystem, reinigen das Blut und die Nieren, entwässern damit den ganzen Körper, Magnesium mildert Stress, Karotine und Flavone beugen Krebserkrankungen vor. Enzyme regen Verdauung an, regulieren den Stoffwechsel, gut für Haarkleid und Augen.

Anwendung: Je nach Saison mischen wir die leckeren Früchtchen in eine Obstmahlzeit mit Quark und Honig zusammen.

- **Pflaumen, Mirabellen, Zwetschgen**

Inhaltsstoffe: Etwas Eiweiß und Fett. Außer Karotin, B1, B2, reichlich Eisen, Kupfer, Zink, Kalium, Natrium, Phosphor, Kalzium. Anthozyane. In getrockneten Früchten (Backpflaumen) konzentriert – besonders Fruchtzucker und der Quellstoff Pektin.

Gesundheit: Fördert die Verdauung, den Abtransport von Giftstoffen aus dem Darm. Anregung von Magensaft und Speichel. Senkt Fieber. Die Fruchtsäuren der Pflaumen fördern die Sekretion der Speicheldrüsen und des Magensaftes und wirken appetitanregend. Da sie sehr salzarm sind, werden sie in der Humanmedizin für Kreislauf-, Nieren-, Leber-, Rheuma- und Gichtkranke empfohlen.

Aber: Die etwas harten Pflaumenhäute enthalten viel schwerverdauliche Zellulose, die im Darm Gärungen provozieren kann, daher sollte man das Füttern roher Pflaumen (die immer überreif und süß sein sollten) nicht übertreiben und keine Flüssigkeit dazugeben wegen der Gärprozesse.

Anwendung: Je nach Saison mischen wir die leckeren Früchtchen in eine Obstmahlzeit mit Quark und Honig zusammen.

Abschließender Tipp: Immer Obst der Saison kaufen, da lange Import/Export-Strecken und Transportzeiten auch viele Konservierungsmittel benötigen.

Alles zu seiner Zeit
Als verwöhnte Konsumenten sind wir es gewöhnt, Obst und Gemüse ganzjährig in gleichbleibendem Angebot vorrätig zu finden.

B.A.R.F.

Der Import aus anderen Ländern macht es möglich, rund ums Jahr jedes beliebige Obst und Gemüse zu erwerben.

Sicherlich ein Luxus, den man in Anspruch nehmen kann, allerdings sind viele Obst- und Gemüse-Sorten für den langen Transportweg entsprechend konserviert und in einer der letzten Knoff-Hoff-Sendungen des ZDF formulierte Joachim Bublath es treffend: »Wir essen Mumien, da die Außenhülle der konservierten Produkte immens lange haltbar gemacht wurde, das Innenleben jedoch rapide an Geschmack und vor allem Gesundstoffen verliert!«

Besonders schnell verderbliches Obst bleibt immer länger haltbar und sieht aus wie gemalt!

Um auf die Konservierungs- und Wachsmittel zu verzichten, empfehlen wir die Obst- und Gemüseauswahl nach der Saison, wobei unsere Saisonkalender auf den beiden folgenden Kalendern Ihnen helfen sollen.

Die einzelnen Nahrungsmittel

Saisonkalender für Gemüse

Sorte	JAN	FEB	MÄR	APR	MAI	JUN	JUL	AUG	SEP	OKT	NOV	DEZ
Bataviasalat				X	X	X	X	X	X	X		
Brunnenkresse	X	X	X	X				X	X	X	X	X
Chicorée	X	X	X	X			X	X	X	X	X	X
Chinakohl	X	X	X	X	X	X	X	X	X	X	X	X
Eichblattsalat									X	X		
Endiviensalat	X	X	X	X	X	X	X	X	X	X	X	X
Eisbergsalat	X	X	X	X	X	X	X	X	X	X	X	X
Feldsalat	X	X	X	X	X	X	X	X	X	X	X	X
Friseesalat	X	X	X	X						X	X	X
Kopfsalat	X	X	X	X	X	X	X	X	X	X	X	X
Löwenzahn			X	X								
Römischer Salat				X	X	X	X	X	X	X		
Salatgurke				X	X	X	X	X	X	X	X	
Blumenkohl					X	X	X	X	X	X		
Brokkoli					X	X	X	X	X	X		
Grünkohl	X	X	X							X	X	X
Karotten	X	X	X	X	X	X	X	X	X	X	X	X
Möhren	X	X	X	X	X	X	X	X	X	X	X	X

B.A.R.F.

Saisonkalender für Gemüse und Obst

Sorte	JAN	FEB	MÄR	APR	MAI	JUN	JUL	AUG	SEP	OKT	NOV	DEZ
Kohlrabi	X	X	X	X	X	X	X	X	X	X	X	X
Erdbeeren					X	X	X	X	X	X		
Rosenkohl	X	X	X	X						X	X	X
Rote Bete	X	X	X							X	X	X
Zucchini	X	X	X	X	X	X	X	X	X	X	X	X
Zuckermais							X	X	X	X		
Äpfel	X	X	X	X	X	X	X	X	X	X	X	X
Aprikosen						X	X	X	X			
Birnen	X	X	X	X			X	X	X	X	X	X
Brombeeren							X	X	X	X		
Heidelbeeren						X	X	X	X			
Himbeeren						X	X	X	X			
Pfirsich							X	X	X	X		
Pflaumen							X	X	X			
Stachelbeeren						X	X	X				
Mirabellen							X	X	X	X		

Die einzelnen Nahrungsmittel

 Obstportionen – Vorschläge

Mag der Hund kein Gemüse oder haben Sie einfach mal den Wunsch, Ihrem Hund eine weitere Abwechslung zu bieten, so ist ein Obstbrei genau das Richtige – die Vitaminbomben schmecken nicht nur uns, sondern auch unseren Vierbeinern.

Da wir selber gerne Obst essen und wir uns des Öfteren Obstsalat zubereiten, legen wir meist davon ein wenig zur Seite für unsere Hunde. Hier einige Vorschläge, die sogar bei mäkeligen Essern gut angekommen sind:

OHNE Getreide:

<u>Obstbrei 1:</u>

Inhalt	Zubereitung
• Banane • Apfel • Honig • Quark • 1 Schuss Leinöl	• alles in den Mixer, klein pürieren und ab in den Napf

<u>Obstbrei 2:</u>

Inhalt	Zubereitung
• Heidelbeeren • Joghurt • Banane • Haselnüsse • 1 Schuss Rapsöl	• alles in den Mixer, klein pürieren und ab in den Napf

<u>Obstbrei 3:</u>

Inhalt	Zubereitung
• Pfirsich • Apfel • Nektarine • Hüttenkäse • 1 Stück Butter	• alles in den Mixer, klein pürieren und ab in den Napf

B.A.R.F.

Obstbrei 4:

Inhalt	Zubereitung
• Himbeeren • Brombeeren • Honig • Quark • 1 Schuss Leinöl	• alles in den Mixer, klein pürieren und ab in den Napf

Obstbrei 5:

Inhalt		Zubereitung
• Banane • Kiwi • Apfel • Birne • Ziegenquark	• 1 Schuss Olivenöl	• alles in den Mixer, klein pürieren und ab in den Napf

Obstbrei 6:

Inhalt		Zubereitung
• Birne • Paranüsse • Honig • Banane • Buttermilch	• 1 Schuss Nussöl	• alles in den Mixer, klein pürieren und ab in den Napf

Obstbrei 7:

Inhalt		Zubereitung
• Apfel • Fenchel • Banane • Quark	• 1 Schuss Rapsöl	• alles in den Mixer, klein pürieren und ab in den Napf

Obstbrei 8:

Inhalt		Zubereitung
• Erdbeeren • Joghurt • Banane • Cashewnüsse	• 1 Schuss Olivenöl	• alles in den Mixer, klein pürieren und ab in den Napf

Die einzelnen Nahrungsmittel

MIT Getreide:

Obstbrei 1:

Inhalt	Zubereitung
• Banane • Apfel • In Wasser aufgekochter Milchreis • Joghurt • Honig	• Obst, Joghurt und Honig in den Mixer und anschließend mit dem Milchreis vermengen

Obstbrei 2:

Inhalt		Zubereitung
• Erdbeeren • Hüttenkäse • Vorgequollene Haferflocken • Buttermilch • Honig	• Haselnüsse • 1 Schuss Nussöl	• Obst, Buttermilch, Hüttenkäse, Nüsse und Honig in den Mixer und anschließend mit den Haferflocken vermengen

Obstbrei 3:

Inhalt	Zubereitung
• Pfirsich • Banane • Ziegenquark • In Möhrensaft vorgequollene glutenfreie Reisflocken (im Drogerie-Markt erhältlich) • Honig • Ein Stück Butter	• Obst, Ziegenquark, Honig und Butter in den Mixer und anschließend mit den vorgequollenen Reisflocken vermengen

Obstbrei 4:

Inhalt	Zubereitung
• Heidelbeeren • Magerquark • Banane • 1 Schuss Leinöl • Haferflocken	• Obst, Quark und Öl in den Mixer und anschließend mit den Haferflocken vermengen

B.A.R.F.

 Gemüse ist gehaltvoll – wenn roh

- **Bohnen**

Inhaltsstoffe: Viel Chlorophyll, Niacin, Folsäure, Pantothensäure, Vitamin C, insulinähnliche Glukokinine, Bioflavone (Quercetin), Polyphenole.

Gesundheit: Bohnen sind besonders resistent gegen schädliche Umwelteinflüsse und nehmen nur wenig Schadstoffe auf, die auch nur auf der Hülse bleiben und durch gründliches Waschen entfernt werden können. Frische Bohnen sind leicht verdaulich. Bohnen fördern Verdauung, regen die Blutbildung an, reich an Nikotinsäure. Quercetin bewahrt Vitamin C im Körper vor Zerstörung, Polyphenole gelten als krebshemmend.

Aber: Da Bohnen Phasin enthalten, sind sie roh absolut giftig – wenn Bohnen gefüttert werden, dann immer gekocht, eingelegt oder blanchiert!

Anwendung: Man kann, muss aber Bohnen nicht füttern. Wenn schon, dann entweder aus der Dose eingelegt oder eben frisch gedünstet wegen des Phasingehaltes – dann klein püriert und ab unters Gemüse – kein Muss, aber möglich!

- **Brokkoli**

Inhaltsstoffe: Jede Menge Karotine, Vitamin C, B-Vitamine, Folsäure, viel Kalium, nur wenig Natrium (gute Mischung), Eisen, Kalzium, Selen (in den Stielen), Flavone und Sulforaphan.

Gesundheit: Flavone und vor allem Sulforaphan sollen das Krebsrisiko senken, das viele Karotin macht starke Nerven, gute Augen, schöne Haut. Kalzium macht die Knochen fest, ist allerdings wegen der enthaltenen Bitterstoffe nicht zu oft unterzumischen.

Anwendung: Einmal pro Woche höchstens unter den Gemüsebrei mit einem Schuss Öl und einem Löffel Vitamin C in Form von Acerola oder Hagebuttenpulver.

- **Chinakohl**

Inhaltsstoffe: Die wichtigsten Inhaltsstoffe sind Eiweiß, Kohlenhydrate, Aminosäuren, Senföl, Mineralstoffe, sowie reichlich Provitamin A und Vitamin C. Der Chinakohl ist gerade im Winter ein besonders wichtiger Vitaminspender.

Die einzelnen Nahrungsmittel

Gesundheit: Im Gegensatz zu anderen Kohlarten ist Chinakohl leicht verdaulich, bläht nicht und ist schonkostgeeignet (wie Brokkoli).

Anwendung: Ab in den Mixer (natürlich gewaschen und kleinstmöglich püriert mit allerlei gesundem Gemüse zusätzlich!)

- **Fenchel**

Inhaltsstoffe: Fenchel enthält Menthol-Öl, Anathol und kampferartigen Fenchon. Das Gemüse ist reich an verschiedenen Mineralstoffen wie Eisen, Magnesium, Kalium und Kalzium. Darüber hinaus enthält Fenchel große Mengen an Beta-Karotin, Vitamin C, Vitamin E und Folsäure.

Gesundheit: Der Geschmack ist sicherlich Gewöhnungssache für den Hund, aber der hohe Vitamin-C-Gehalt sollte zumindest den Besitzer von der Notwendigkeit der abwechslungsreichen und somit auch manchmal fenchelhaltigen Ernährung überzeugen.

Anwendung: Vorsicht bei einer homöopathischen Behandlung, da starker Gehalt an ätherischen Ölen, ansonsten kleine Stücke pürieren und ab unters Gemüse. Tipp: Nicht viel verwenden, sonst bleibt das Futter meist stehen!

- **Friseesalat und andere grüne Salate**

Inhaltsstoffe: Grüne Salate haben hochwertiges Eiweiß, Vitamin C, Folsäure, Karotin, Kalzium, Kalium, Kupfer, Jod, Spuren von Zink, Mangan, Selen, reichlich Chlorophyll.

Gesundheit: Die vielseitigen Inhaltsstoffe fördern den Zelltransport, das tiefe Grün unterstützt diese mit Chlorophyllreserven. Wichtig aber auch hier immer der Schuss Öl und vor allen Dingen das gute Waschen vor dem Pürieren.

Anwendung: Fein püriert unter Gemüse jeder Art mit Öl und oft noch einem Esslöffelchen Spirulina und Vitamin C dazu.

- **Grünkohl**

Inhaltsstoffe: Enthält unglaublich viele Vitamine und Mineralstoffe, dazu Kalzium und Vitamin C im Überschuss, was Krebszellen hemmen sollte. In Bezug auf die Krebs hemmenden Zellschutzvitamine A (Karotene) überbietet er die Möhre bei weitem. Außer B12 enthält Grünkohl alle B-Vitamine, darunter enorme Mengen Biotin, Zellschutzvitaminen A und C, Vitamin E.

B.A.R.F.

Gesundheit: Grünkohl ist ein ideales Wintergemüse, stärkt den Organismus und schützt die Körperzellen vor Oxidationsprozessen, hemmt Krebsauslöser.

Anwendung: Wegen der blähenden Nebenwirkungen von Kohl geben wir das Gesundmittelchen höchstens einmal die Woche püriert unter den Gemüsebrei und dann lieber leicht angedünstet.

- **Gurken**

Inhaltsstoffe: Viel Kalium, Kalzium, ein insulinähnliches Hormon und Spuren des schlaffördernden Melatonin.

Gesundheit: Gesunde, basenreiche Gemüsesorte, die allerdings oft mit Brom begast wird und somit wieder für den Gebrauch ausscheiden sollte, da dies das leckere Gemüse fast ungenießbar werden lässt.

Beim Bauer vom Markt gekauft, wirken sie harnsäurelösend und wassertreibend. Gurken besitzen ein dem Insulin ähnliches Ferment und haben daher einen hohen diätischen Wert.

Aber: Das große Manko dieses Gemüses ist leider, dass sowohl die Vitamine als auch die Bitterstoffe in der Schale liegen und diese in jedem Fall weggeschält werden sollte. Trotzdem ist ein Gürkchen unter dem Gemüsebrei immer eine elektrolythaltige Sache!

Anwendung: Geschält und püriert unter den Gemüsebrei – nicht gerade ein Geschmackshit, aber liefert genügend Flüssigkeit und wichtige Mineralien.

- **Karotten/Möhren**

Inhaltsstoffe: Hohe Mengen an Alpha- und Betakarotin, ätherische Öle (also Vorsicht bei einer homöopathischen Behandlung – diese wird bei gleichzeitiger Fütterung ätherischer Lebensmittel gemindert), Eisen, B-Vitamine, Folsäure, Magnesium, Kalzium, Phosphor, Pektin.

Gesundheit: Karotten sind besonders bekömmlich in der Schonkost. Das liegt unter anderem am Pektingehalt. Pektine quellen im Verdauungstrakt schleimartig auf und schützen so die Magen- und Darmschleimhaut. Beta-Karotin sorgt für die Gesundheit von Augen, Haut und Haar. Pektine und Karotine beugen Krebs vor.

In Zusammenhang mit einem Schuss Öl können Vitamine und Gesundstoffe auch richtig aufgeschlossen werden.

Anwendung: Geben wir fast täglich fein püriert sowohl unter Gemüse- als auch Obstbrei, aber niemals das Öl vergessen wegen der fettlöslichen Vitamine.

- **Kohlrabi**

Inhaltsstoffe: Die wichtigsten Inhaltsstoffe sind Kohlenhydrate, Eiweiß, Kalzium, Kalium, Phosphor, Magnesium, Eisen sowie die Vitamine B1, B2, B6 und ca. 63 mg Vitamin C pro 100 g.

Gesundheit: In den Blättern stecken weitaus mehr Nährstoffe, insbesondere der Mineralstoff Phosphor und Karotinoide.

Anwendung: Schälen und fein pürieren – leckeres Gemüse, allerdings mit Blähfähigkeit, wobei man bei etwas empfindlichen Hunden aufpassen sollte.

- **Kürbis**

Inhaltsstoffe: Extrem viel Betakarotin, Vitamin E, B-Vitamine, Kalium, Natrium, Magnesium, Eisen, Phosphor, Kieselsäure.

Gesundheit: Neutralisiert Säureüberschuss im Körper, lindert Verstopfung, Kürbiskerne (aus Medizin-Kürbis) enthalten hormonähnliche Phytosterine und viel Zink.

Anwendung: Wir selbst füttern nur selten mal Kürbiskerne – die unter den Obstquark und fein mit zermahlen.

- **Mais**

Inhaltsstoffe: Kalium, Kalzium, Phosphor, Eisen, Fluor, Magnesium, Natrium, Kieselsäure, Selen, B-Vitamine, zellschützende Karotinoide, Phenolsäuren. In Keimen und Keimöl Extraportionen Vitamin E!

Gesundheit: Wichtiges Getreide für Menschen, die kein Gluten (Klebereiweiß in heimischen Getreide) vertragen (Zöliakie). Gut zum Abnehmen (Ballaststoffe) und für Zuckerkranke, weil Maiszucker nur ganz langsam ins Blut geht.

Anwendung: Ab und an das Früchtchen abschälen und unter den Gemüsebrei pürieren.

B.A.R.F.

- **Mangold**

Inhaltsstoffe: Mangold ist kalorienarm und verfügt über einen hohen Gehalt an Kalium, Kalzium, Magnesium, Eisen, Folsäure und Vitamin B1, B2, Beta-Karotin sowie reichlich Vitamin C. Darüber hinaus sind eine Reihe bioaktiver Substanzen enthalten, denen verschiedene krankheitsvorbeugende Wirkungen zugesprochen werden. Mangold enthält, ebenso wie Spinat, Oxalsäure, welche auch in Lebensmitteln wie Rote Bete, Himbeeren, Erdbeeren, Brombeeren, Rote Johannisbeeren, Pflaumen, Kirschen, Apfelsinen, Birnen, Aprikosen, Rotkohl, Grünkohl, Sellerie, Möhren, Wirsing und Kohlrabi, um nur einige wenige zu nennen, vorkommt und lt. Frey/Löscher Lehrbuch der Pharmakologie und Toxikologie für die Veterinärmedizin »...wirkt Oxalsäure lokal reizend, und bei massiver Exposition kommt es zu Anzeichen eines Kalziummangels mit Störungen der Herzfunktion, weil Kalzium in Form von unlöslichen Oxalatkomplexen ausgefällt wird. Infolge der Verstopfung der Tubuli mit Kalziumoxalatkristallen entwickeln sich Nierenschäden«. Ist dies bereits der Fall, sollte von oxalsäurereichen Lebensmitteln abgesehen werden. Zusätzliche Gaben an natürlichem Vitamin C helfen hier, Oxalsäure aus dem Körper zu schleusen.

Gesundheit: Ähnlich wie Spinat, Grünkohl und Feldsalat enthält Mangold hohe Mengen an Pflanzenfarbstoffen aus der Gruppe der Karotene. Sie schützen die Zellen und Schleimhäute und gelten als wirksame Helfer gegen Krebs. Das reichlich enthaltene Vitamin, ein echtes Leitvitamin, unterstützt das Immunsystem. Zusammen mit Vitamin E und weiteren Pflanzenfarbstoffen wirkt es Krebsauslösern entgegen.

Aber: Leider, leider enthält Mangold wie auch der schöne, dunkelgrüne Spinat und Rote Bete meist sehr viel Nitrat, das sich in gesundheitsschädliches Nitrit umwandeln kann. Daher seltenst verfüttern und wenn, dann mit einer ordentlichen Portion Vitamin C dazu!

Anwendung: Wie oben beschrieben, selten und mit einem Löffel Quark, Joghurt oder Hüttenkäse, genügend Vitamin C und Öl dazu. Blanchiert oder kocht man das Gemüse, verliert er zwar die Schadstoffbildung, allerdings auch Vitamine.

- **Rote Bete**

Inhaltsstoffe: Provitamin A, Vitamine A, B, C, Folsäure, Panthothensäure, Kalium, Magnesium, Eisen, Kupfer, Zucker, Eiweiß, Fett, Kalzium, Phosphor, Natrium, Schwefel, Jod, wertvolle Aminosäuren und Flavone sowie Krebsschutzstoffe.

Die einzelnen Nahrungsmittel

Gesundheit: Sie ist blutbildend, entsäuert und löst Fett im Blut, schützt vor freien Radikalen und stärkt das Immunsystem und ist roh am wertvollsten, daher wird ja auch gebarft!

Aber: Leider speichern Rote Bete Nitrat und sollten wie Spinat und Mangold seltener und am besten mit hohen Vitamin-C-Dosen gefüttert werden. Die Oxalsäure bindet Kalzium, daher ist der übermäßige Gebrauch in der Fütterung nicht zu empfehlen, da diese Tatsache Gallensteine fördern kann. Aber auch hier gilt: Gekocht, blanchiert oder eingelegt sind sie unschädlich und schmackhaft!

Anwendung: Ab und an püriert mit hohen Vitamin-C-Dosen und meist einem Apfel zusätzlich unter den Gemüsebrei.

- **Rotkohl / Weißkohl**

Inhaltsstoffe: Eiweiß mit wertvollen Aminosäuren, Kalium, Kalzium, Eisen, Kupfer, 5 B-Vitamine, Provitamin A, reichlich Vitamin C, Farbstoff Anthocyan, Indole.

Gesundheit: Bremst Entzündungen, beugt Krebs vor. Ballaststoffe regen den Darm an. Wirkt auch blutverdünnend. Wenn man Weißkraut kocht, dann erhöht sich sein Vitamingehalt sogar noch, da es Ascorbinsäure enthält, die sich unter Hitzeeinwirkung zu Vitamin C spaltet. Den enthaltenen Senfölen wird eine krebsvorbeugende und antimikrobielle Wirkung zugeschrieben.

Aber gerade die Kohlsorten haben die unangenehme Nebenwirkung, dass sie im Darm oft schlimme Blähungen verursachen, was aus eigener Erfahrung für Hunde sehr unangenehm sein kann (für die Besitzer dieser Hunde auch!).

Anwendung: In kleinen Mengen ab und an klein püriert, am besten leicht blanchiert, ein wenig Vitamin C und Öl dabei und fertig!

- **Rucola**

Inhaltsstoffe: Rucola ist besonders reich an Vitamin C und enthält viele Mineralstoffe und auch organische Säuren.

Gesundheit: Der hohe Vitamin-C-Gehalt wirkt gegen freie Radikale, stärkt das Immunsystem, belebt und einige Bitterstoffe wirken sogar bakterientötend.

B.A.R.F.

- **Sellerie**

Inhaltsstoffe: Sellerie verfügt über einen hohen Gehalt an ätherischen Ölen. Diese sorgen für den typischen und würzigen Geschmack. Weiter enthält er u.a. Kalium, Kalzium, Vitamin E, B6 und Folsäure.

Gesundheit: Wegen des hohen Kaliumgehaltes kann Sellerie leicht harntreibend wirken und seine ätherische Komponente lässt ihn für die Ernährung während einer homöopathischen Behandlung ausscheiden.

Anwendung: Ansonsten scheint er des Geschmacks wegen eine Mahlzeit wirklich aufzupeppen, zumindest bei unseren Hunden, die wahre Hardcore-Barfer geworden sind!

- **Spinat**

Inhaltsstoffe: Hochwertiges Eiweiß, 10 Vitamine (besonders C, Folsäure), 13 Mineralstoffe (Jod, Schwefel), Enzyme, Alpha- und Betakarotin, die hormonähnliche Substanz Sekretin, Chloropyll, Bitterstoffe, Eisen.

Gesundheit: Sekretin regt vor allem die Bauchspeicheldrüse an. Bitterstoffe unterstützen die Verdauung, stärken Herz, Nerven, Leber. Spinat fördert stark die Blutbildung, kräftigt das Immunsystem. Karotinoide machen schöne gesunde Haut, verbessern die Sehkraft. Hilft gegen Ekzeme, chronische Verstopfung, fördert das Wachstum bei Kindern, macht stabile Knochen. Offizielles Krebsschutz-Gemüse in USA!

Aber: Auch hier wieder leider, leider, leider speichert das tolle Gemüse Nitrat an aus dem Boden, das sich in gesundheitsschädliches Nitrit verwandeln kann. Das Entfernen der Stängel und Blattrippen ist zwar mühsam, senkt allerdings den Nitratgehalt.

Noch ein »leider« ist der Oxalsäuregehalt, der Kalzium bindet und Urolithiasis (Steinbildung) begünstigt. Die Kalziumaufnahme wird behindert und so mancher wird sich noch erinnern, dass man Spinat grundsätzlich mit dem »Blubb« essen sollte, sprich mit einem Milchprodukt, das für den Hund allerdings einen niedrigen Milchzuckergehalt haben sollte. Hüttenkäse ist gut geeignet.

Anwendung: Genau wie Mangold und alle anderen nitrathaltigen Gemüse: Lieber geputzt (Stängel entfernen, da sich dort das meiste Nitrat ansammelt) und kurz dünsten, dazu eine Vitamin-C-Portion und im Anschluss oder dabei ein Milchprodukt wie Quark oder Hüttenkäse wegen der Kalziumaufnahme.

Die einzelnen Nahrungsmittel

- **Wirsing**

Inhaltsstoffe: Alle Kohlarten sind ein ausgesprochen gesundes Gemüse. Kohl enthält reichlich Ascorbigen, das durch das Kochen gespalten wird und Vitamin C freisetzt. Daneben verfügt er über die Vitamine B6, E, K und viel Folsäure sowie die Mineralstoffe Kalium, Kalzium und Eisen. Der Nährwert von Kohl beträgt 25 kcal/105 kJ.

Gesundheit: Kohl ist besonders wertvoll durch seinen hohen Vitamin C-Gehalt und trägt damit zur Stärkung des Immunsystems und der Abwehrkräfte bei.

Aber: Auch hier gilt wieder, nicht zu oft und nicht mit hohem Flüssigkeitsgehalt, da sehr gärfähig und Blähungen verursachend!

Anwendung: Da wir selbst keine Wirsing-Fans sind, gibt es das Zeugs nur im absoluten Notfall (wenn sonst nichts anderes mehr zu haben ist) und dann nur eine verschwindend kleine Menge!

- **Zucchini**

Inhaltsstoffe: Viel Betakarotin, Vitamin C, Folsäure, Kalium, Kalzium, Phosphor, Mangan, Zink, Selen, Schleim- und Bitterstoffe.

Gesundheit: Entsäuern durch Basenüberschuss, Selen und Karotin; gelten als krebshemmende Gemüsesorte.

Anwendung: Kleine Zucchinis kaufen, vornehmlich die sonnengelben, wegen der höheren Konzentration an gesunden Stoffen, pürieren und ab unter den Gemüsebrei.

B.A.R.F.

 **Milchprodukte**

1. Buttermilch
Wird aus Rahm Butter hergestellt, bleibt Milchflüssigkeit, die mit Milchsäurebakterien angereichert wird, über.

Buttermilch verwenden wir wöchentlich des Öfteren, da sie geniale Eigenschaften hat: sehr geringer Fettgehalt von höchstens mal 1 %, aber die guten Eigenschaften der Milch, nämlich die gesamte Nährstoffpalette.

2. Homogenisierte Milch
Ultrahocherhitzt und heruntergekühlt ist das reinweiße Produkt leider weder vitaminreich geblieben, noch besonders verdaulich für den Hundemagen. Nutzen und auch Akzeptanz sehr gering!

3. Hüttenkäse
Aus Kuhmilch hergestellter Frischkäse, der aus kleinen wasserhaltigen Körnern besteht, leicht säuerlich schmeckt, aber leicht verdauliches Eiweiß und wenig Fett enthält! Also gerne zufüttern! Guter Eiweißlieferant!

4. Joghurt
Kuhmilch werden Milchsäurebakterien zugesetzt, die faszinierenderweise nur einen Teil der Milch gerinnen lassen und somit die cremige Masse bilden. Da es ihn in verschiedenen Mager- oder Fettstufen gibt, bleibt es dem Besitzer des Hundes überlassen auszutesten, welche Sorte Hundchen besonders gut verträgt! Da der Milchzuckergehalt recht gering ist, ist die Akzeptanz meist sehr groß!

5. Kefir
Der Milch werden Kefirpilze zugesetzt, die den Milchzucker in Milchsäure und geringe Prozente Alkohol und Kohlensäure umsetzen. Reich an den B-Vitaminen.

6. Magermilch
Die Milch wird entrahmt und hat einen bis auf wenige Prozentchen runtergefahrenen Fettanteil (0,1 bis 0,3 %). Wer so was schon mal probiert hat, fragt sich, wo der Unterschied zu Wasser liegt!

Der Gehalt an wertvollen Inhaltsstoffen liegt beim Hersteller, da manche Produkte wieder mit Milcheiweiß angereichert werden (müssen). Trotzdem enthält die Milch immer noch genügend Milchzucker, dass es zu Durchfällen oder weichem Stuhl führen kann.

Die einzelnen Nahrungsmittel

Nicht unbedingt empfehlenswert und geschmacklich zumindest für Menschen sicherlich nicht bahnbrechend.

7. Quark
Die Milch wird entrahmt, pasteurisiert, mit Sauermilchbakterien und Lab verdickt, zentrifugiert und Molke vom Quark getrennt. Enthält viel Milcheiweiß und wenig Milchzucker, daher sehr gute Akzeptanz und gute Verwertung allgemein.

8. Sauermilch
Milch wird auf den Fettgehalt eingestellt (meist mager), pasteurisiert, homogenisiert, zum Gerinnen gebracht, und beim Erreichen des gewünschten Säuregehaltes abgekühlt. Bedingt verträglich und kein unbedingtes Muss in der Hundeernährung.

9. Schmand
Sahne wird mit Milchsäurebakterien gesäuert – der Fettgehalt von Schmand ist immer über 20 % und für den Hundemagen meist viel zu gehaltvoll.

10. Ziegenmilch
Oh ja, ein prima Produkt, hat die Ziegenmilch doch eine andere, viel leichter verdaulichere Fettstruktur und enthält viele wichtige Vitamine und Nährstoffe!

Fazit
Buttermilch, Ziegenmilch, Joghurt, Hüttenkäse und Quark eignen sich hervorragend für Hunde, vorausgesetzt der eigene Hund verträgt den zwar niedrigen, aber dennoch vorhandenen Milchzuckergehalt. Alle anderen milchzuckerhaltigeren Produkte der Milch oder auch Milch selber sind meist weniger zu empfehlen, da sie weichen Stuhlgang bis hin zum Durchfall verursachen können.

Die erstgenannten Produkte werden meist sehr gerne gegessen und gehören bei der Fütterung bestimmter Gemüsesorten (siehe Gemüseliste) in jedem Fall als Kalziumquelle dazu.

Milden Käse benutzen wir sehr gerne als Leckerchen, stärker gewürzter Käse fällt eher aus dem Speiseplan raus.

B.A.R.F.

 **Nüsse**

Nicht nur schmackhaft, sondern auch gesund für Mensch und Tier sind die unscheinbaren Früchtchen mit der harten Schale. Nüsse sind konzentrierte Kraftpakete: Sie haben viele Vitamine und Mineralien, aber auch supergesundes Fett (in 100 g: ca. 50 und 60 g).

In Nüssen sind nur Fette gespeichert, die Herz und Gehirn schützen und mit Energie beliefern. Wie alle pflanzlichen Lebensmittel enthalten auch Nüsse kein Cholesterin.

Haselnüsse
E-, B- und C-Vitamine.
Reich an: Mineralstoffen und Spurenelementen wie Mangan.
80% einfach ungesättigte Fette,
10% mehrfach ungesättigte Omega-6-Fette,
10% gesättigte Fette.

Walnüsse
viel Kalium, Magnesium und Phosphor sowie Zink und die Vitamine A, B und E.
20% einfach ungesättigte Fette,
60% mehrfach ungesättigte Omega-6-Fette,
10% mehrfach ungesättigte Omega-3-Fette,
10% gesättigte Fette.

Mandeln
viel Kalium, Eisen, Kalzium, Magnesium und das Spurenelement Selen.
70% einfach ungesättigte Fette,
20% mehrfach ungesättigte Omega-6-Fette,
10% gesättigte Fette und Spuren von Omega-3-Fetten.

Aber: Aufgrund der Bitterstoffe eignen sich Mandeln nicht für die Hundeernährung.

Pistazien
viel Kalium, Eisen, Phosphor und Magnesium, Niacin sowie die Vitamine E und C.
70% einfach ungesättigte Fette,
15% mehrfach ungesättigte Omega-6-Fette,
15% gesättigte Fette und Spuren von Omega-3-Fetten.

Die einzelnen Nahrungsmittel

Erdnüsse
Viel Kupfer, Mangan, Zink und Fluor, aber auch Kalium und Kalzium sowie B- und E-Vitamine.
50% einfach ungesättigte Fette,
30% mehrfach ungesättigte Omega-6-Fette,
20% gesättigte Fette und wenige Omega-3-Fette.

Cashewnüsse
viele B-Vitamine, sind reich an Betacarotin und enthalten Zink, Kupfer und viel blutbildendes Eisen.
60% einfach ungesättigte Fette,
20% mehrfach ungesättigte Omega-6-Fette,
20% gesättigte Fette.

Nüsse am besten im Reformhaus besorgen, in eine Tupperbox, im Kühlschrank aufbewahren und beim Zubereiten von beispielsweise Obstquark einfach in den Mixer – der schafft das locker – dabei kann man selbst mitknabbern – äußerst schmackhaft und sehr gesund!

Aber beachten! In jedem Fall sollte man Nüsse in geschlossenen Frischebehältern im Kühlschrank aufbewahren, da sie rasch ranzig werden und sich dann ihre supergesunden Fette schnell in ungesunde umwandeln, ohne dass man es merken kann.

Bemerkt man an den Nüssen kleine weiße Stellen, ab damit in den Müll – Schimmelpilze sind äußerst gefährlich, da sie Aflatoxine bilden. Besonders Erdnüsse und Pistazien sind dafür extrem anfällig, daher unbedingt auf Frische und einen zuverlässigen Lieferanten achten.

Amerikanische Importnüsse und Reformhausprodukte werden am besten kontrolliert und wenn der Vertreiber der Produkte gewissenhaft lagert und man natürlich selber aufs Haltbarkeitsdatum achtet, kann eigentlich nichts schief gehen.

Also, Nüsse in eine Frischhaltebox und ab in den Kühlschrank!

B.A.R.F.

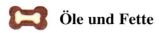 **Öle und Fette**

Es gibt Distel, Erdnuss-, Hanf-, Haselnuss-, Kürbiskern-, Nachtkerzen-, Lein-, Maiskeim-, Oliven-, Raps-, Sanddorn-, Sesam-, Soja-, Sonnenblumen-, Traubenkern-, Walnuss- und Weizenkeimöl, außerdem Lachsöl, Lebertran und Butter. Sicherlich haben wir einige Öle vergessen, aber die unserer Meinung nach wichtigsten haben wir hier aufgelistet:

Wir verwenden:
- Lebertran
- Lachsöl
- Butter
- Nachtkerzenöl
- Olivenöl
- Rapsöl
- Leinöl
- Nussöl
- Hanföl

Die Pflanzenöle sollten in jedem Fall kaltgepresst und nicht raffiniert sein.

Ein Öko- oder Bio-Produkt ist um ein Vielfaches besser geeignet, um die Nahrung zu ergänzen (natürlich nicht nur für unsere Vierbeiner), also lieber mal einen Euro oder zwei mehr ausgeben, das Öl sehr sparsam verwenden, aber dafür ein echtes Bio-Produkt.

Hintergrund dieser Empfehlung ist einfach die Tatsache, dass die meisten Speiseöle (denn sie sind ja eigentlich für den menschlichen Verzehr bestimmt) meist schon eine ellenlange Behandlungsreihe hinter sich haben, bevor sie uns erreichen.

Sie werden stark erhitzt, gepresst, Lösemittelzusätze werden eingefügt, sie werden raffiniert (Zusatz von Phosphorsäure und erneute Erhitzung), entsäuert mit Natronlauge, gebleicht, weil es so fürs Verbraucherauge besser aussieht, mit Dampf desodoriert und oft noch vorher eingefärbt, damits auch lecker wirkt!

Dass diese Behandlung die meisten wichtigen Begleitstoffe abtötet, liegt nah. Das Ziel der Erhaltung der gesunden Stoffe wird nur über eine schonende Behandlung angesteuert, d.h. Presstemperaturen von höchstens 30 Grad – also lieber nach Bio/Öko/Nativ schauen.

Wichtig ist weiterhin, dass die Öle kalt und lichtgeschützt gelagert werden – ein guter Hersteller liefert das Öl schon in einer lichtgeschützten dunk-

Die einzelnen Nahrungsmittel

len Flasche. Ist Öl Sonnenlicht ausgesetzt, wird der Oxidationsschutz Vitamin E aufgebraucht und das Öl wird unbrauchbar. Also lieber umfüllen und ab in den Kühlschrank. Schmecken kann man in den meisten Fällen erstmal noch nichts vom Ranzigwerden (erstaunlicherweise), aber die gesundheitlichen Folgen können fatal sein.

Auch die Aufbewahrungszeit sollte allerhöchstens 2 Monate im angebrochenen Zustand betragen – also lieber kleine Fläschchen einkaufen, auch wenn es die großen gerade im Sonderangebot geben sollte.

Ein Öl, das ranzig wird, kann bald schon krebserregende Stoffe bilden, auch wenn es noch gar nicht so übel schmecken sollte.

Warum kommen bestimmte Lebensmittel in unseren Tabellen nicht vor?

Viele werden sich fragen, warum einige Lebensmittel in der Futterplänen, aber auch in unseren Aufführungen nicht vorkommen, obwohl sie doch auf anderen Seiten, die sich mit Rohernährung beschäftigen, oft als gesund und wertvoll angepriesen werden.

Nun, gänzlich bleibt es jedem selbst überlassen, was er füttert – wie halten uns grundsätzlich auch an die Forschungsergebnisse, die zugrunde lagen für die Schweizer Giftdatenbank (siehe www.der-gruene-hund.de) und da sind viele der unten stehenden Produkte mit mehr Schaden für den Hund als Nutzen beschrieben, also lassen wir das Zeugs lieber weg – basta!

Natürlich macht es die Menge, wie überall, aber warum sollten wir ein wenig von einem Stoff füttern, der unseren Hunden in einer Überdosierung schaden könnte, wenn wir locker darauf verzichten können?

Nicht enttäuscht sein, es gibt so viele Möglichkeiten Hundchen gesund zu ernähren, dass man unserer Meinung nach getrost auf die umseitig genannten Dinge verzichten kann.

Es bleibt natürlich jedem selbst überlassen, aber immer zuerst überlegen, ob es Sinn macht, ein Produkt zu füttern!

NICHT EMPFOHLEN:

Zwiebeln, Lauch, Knoblauch und alle Gewächse aus der Familie Allium sind giftig bis stark giftig, enthalten N-Propyldisulfid, Blumenzwiebeln und deren Blätter und Stängel gehören auch dazu und auch der hochgelobte Knoblauch gehört unserer Meinung nach nicht in die Hundenahrung, auch wenn ihm unbewiesenerweise große Wirkung nachgesagt wird. In den roten Blutkörperchen (Erythrozyten) führt N-Propyldisulfid aus Knoblauch und Zwiebeln zur Bildung von so genannten Heinz-Körpern, die zum Aufplatzen der Blutzellen führen. Bei einer Aufnahme größerer Mengen von Knoblauch oder Zwiebeln, aber auch bei einer regelmäßigen Fütterung kleiner Mengen, führt dieser Inhaltsstoff zu lebensbedrohlicher Anämie (Blutarmut).

Brennnesseln enthalten Nesselgift und Histamin, das zu Allergien führen kann – auch bei eingeschränkter Herz- oder Nierentätigkeit ist es kontraindiziert, solche Dinge zu füttern!

Bohnenkeime (auch Sojabohnen) enthalten ein Enzym, das die Eiweißaufnahme behindert und sollte daher nicht auf dem Speiseplan für Rohfutter stehen. Die Keime müssen kurz blanchiert werden, um die Enzyme abzutöten!

Sojaprodukte und Alfalfa beeinflussen den Östrogenhaushalt und dürfen nicht an trächtige und säugende Hündinnen verfüttert werden. Außerdem handelt es sich bei Soja, Bohnen und Alfalfa um Hülsenfrüchte, die zumindest bei uns im **rohen Zustand nicht** auf dem Speiseplan stehen.

Die einzelnen Nahrungsmittel

 NICHT EMPFOHLEN:

Alfalfa Blätter und Stängel sind für Hunde toxisch und zeigen u.a. Symptome wie Hautentzündungen, welche bei Sonnenexposition auftreten. Weiterhin zeigen sich Fruchtbarkeits- und Wachstumsstörungen (siehe hierzu auch Schweizer Giftdatenbank unter http://www.giftpflanzen.ch). Auch wenn viele Alfalfa füttern, wie raten davon ab.

Unreifes Obst, Obstkerne und -steine enthalten Blausäure. Die Menge ist zwar sehr gering, begünstigen aber Krankheiten. Daher nur reife Früchte füttern und natürlich vorher die Steine entfernen.

Schweinefleisch kann im rohen aber auch im nicht ausreichend erhitzten Zustand den für Hunde **tödlichen** Aujeszky Virus enthalten! Aus diesem Grund raten wie grundsätzlich von einer Fütterung mit Schweinefleisch (ob roh oder gekocht) ab!

Nachtschattengewächse enthalten im unreifen und keimenden Zustand hohe Mengen an Solanin und sind daher giftig. In reifem Zustand ist der Solaninanteil minimal. Solanin wird durch Kochen zerstört. Tomaten und Paprika füttern wir überhaupt nicht!

WAS BEI GETREIDE ZU BEACHTEN IST:

Getreide, Reis und Nudeln, stärkehaltige Produkte können natürlich nicht roh verfüttert werden, sondern müssen in jedem Fall erhitzt werden und dadurch
- wirken die Kohlenhydrate wie reiner Zucker
- enthalten sie nur noch die unlöslichen Ballaststoffe
- sind sie sehr schwer verdaulich.

Zu viel Getreide ist daher nicht gut – siehe auch Seite 75. Die Proteine enthalten nicht alle Aminosäuren, die der Hund braucht. Viele der Stoffwechselkrankheiten wie Pankreatitis, Diabetes, Leber- und Nierenschäden hängen mit den stark stärkehaltigen Produkten im Fertigfutter zusammen. Nur zur Erinnerung: Brot, Nudeln und Reis sind erhitztes Getreide! Flocken sind ebenfalls erhitzt worden, anders kriegt man sie nicht in die Form! Mehr zum Thema Getreide finden Sie auf der Internetseite der Autorinnen (s. Anhang).

B.A.R.F. - Futterliste

Ein kleiner Spickzettel, mit allem, was man beim BARFen füttern kann – im Anhang nochmals zum praktischen Heraustrennen. Einfach in die Küche hängen und es kann schon losgehen!

Obst	Fleisch/Fisch/Innereien	Knochen	Gemüse	Milchprodukte	Öle und Kräuter	Sonstiges und Getreide
Ananas	Kaninchen	Hühnerhälse	Brokkoli	Buttermilch	Nachtkerzenöl	Bei Bedarf:
Äpfel	Huhn	Hühnerrücken	Chinakohl	Ziegenmilch	Lachsöl	Eier (2 - 3 mal die Woche
Aprikosen	Pute/Ente	Hühnerflügel	Fenchel	Naturjoghurt	Olivenöl	Nüsse
Bananen	Pferd	Kalbsschwänze	Friseesalat	Quark	Butter	Braunhirse
Brombeeren	Rind	Kaninchenköpfe	Bataviasalat	Ziegenquark	Rapsöl	Bierhefeflocken
Erdbeeren	Kalb	Kaninchenkeule	Grünkohl	Hüttenkäse	Nussöl	Acerola
Heidelbeeren	Wild	Kaninchenrücken	Endivien		Dorschlebertran	Hagebuttenpulver
Himbeeren	Ziege	Rinderkehlköpfe	Rucola			Propolis
Johannisbeeren	Schaf	Rinderstrossen	Karotten		Leinöl	Spirulina
Kirschen	Lamm	Rinderkniegelenke	Möhren		Hanföl	Chlorella
Kiwis	Dorsch	Rinderrippen	Blumenkohl			Seealgenmehl
Mandarinen	Forelle	Rinderbrustknochen	Kohlrabi		Basilikum	Aloe Vera
Klementinen	Lachs	Lammgerippe	Kürbis		Kresse	Perna
Tangerinen	Seelachs	Ochsenschwänze	Mais		Petersilie	Canaliculus
Satsumas	Thunfisch	Pferdeknochen	Mangold			Honig
Orangen	Merlan etc.	Ziegenknochen	Rote Bete			Dorschspäne
Pfirsiche		Lammknochen	Rotkohl			Nudeln
Mirabellen	Leber	Kalbsbrustknochen	Weißkohl			Reis
Nektarinen	Lunge	Beinknochen	Sellerie			Reisflocken
Pflaumen	Herz		Spinat			Hirseflocken
Zwetschgen	Pansen (grün und ungewaschen)		Wirsing			Haferflocken
	Blättermagen		Zucchini			Dinkelflocken
			Gurken			(Getreide nur in Maßen, s. S. 57)
			Landgurken			

FUTTERPLÄNE-VORSCHLÄGE

Diese Futterpläne sollen nur zur Umstellung auf Rohernährung eine Erleichterung darstellen – sobald man sich ein wenig an die Art der Fütterung gewöhnt hat, geht alles wie von selbst und man rechnet weder mit Grammzahlen, noch schaut man ständig auf irgendwelche Listen – sie dienen nur zur Eingewöhnung – geht später alles von alleine! Versprochen!

B.A.R.F.

FUTTERPLAN FÜR: Hund im Wachstum, große, schnellwachsende Rasse, 10 Wochen, 11,5 kg schwer, getreidefrei

Zubereitung einer großen Portion, die man dann über den Tag in 4-5 kleinere Rationen unterteilt, damit der kleine Magen nicht überdehnt wird und kein Hungergefühl aufkommt. Ausgehend von einer Gesamtmenge von 345-365 g (ca. 3 % des Körpergewichtes – hier 11,5 kg Gewicht).

Gesamtfuttermenge: 365 g   davon: 100-110 g Gemüse/Obst
                             davon: 80-100 g Fleisch
                             davon: 150-160 g fleischige Knochen (enthalten ja schon Fleisch, daher die pure Fleischmenge reduziert)

Das wäre der grobe Rahmen der Fütterung – natürlich steigt pro Lebens-Tag/Woche/Monat und zunehmendem Gewicht auch der Futterbedarf nach der genannten Formel!

Montag	**Dienstag**	**Mittwoch**	**Donnerstag**	**Freitag**	**Samstag**	**Sonntag**
Gemüsemix:	Gemüsemix:	Gemüsemix:	Gemüsemix:	Obstmix:	Gemüsemix:	Gemüsemix:
Zucchini, Friseesalat, Möhre, halber Apfel, Leinöl, Ei (Dotter mit Schale ohne Eiweiß) und Vitamin C	Rote Bete, Rucola, Möhre, Kohlrabi, Olivenöl, Hüttenkäse und Vitamin C	Brokkoli, Möhre, Apfel, Feldsalat, Rapsöl, Quark, Spirulina und Vitamin C	gesamte Mahlzeiten mit Blättermagen oder grünem Pansen ersetzen	Apfel, Banane, Birne, Kiwi, Beeren mit Quark, Joghurt oder Buttermilch und ein wenig Honig verquirlen, Öl	Möhre, Eichblattsalat, Sellerie, Ei, Apfel, Lebertran, Vitamin C, Joghurt, Perna Canaliculus	Gurke, Fenchel, Bataviasalat, Birne, Blumenkohl, Vitamin C, Quark, Nachtkerzenöl, Spirulina
Fleisch:	Fleisch:	Fleisch:	Fleisch:	Fleisch:	Fleisch:	Fleisch:
Hühnchenfleisch	Rindfleisch	Hühnchenfleisch	---	Rindfleisch	Leber/Innereien	kompletter Fisch
Knochen (RFK)	Knochen (RFK)	Knochen (RFK)	Knochen (RFK)	Knochen (RFK)	Knochen (RFK)	Knochen (RFK)
Hühnerhälse oder Hühnerflügel	Rinderbrustknochen	Hühner- oder Putenhälse	Kaninchen- oder Rinderknochen	Kalbsschwänze	Hühner- oder Putenhälse	Rinderbrustknochen

Die Mengenangaben für die einzelnen Zusätze sind natürlich jedem selbst überlassen, allerdings haben sich folgende für unsere Hunde im Wachstum bewährt:
     Öl (Nachtkerzen-, Oliven-, Lein-, Raps-, Lachs-, Nussöl und Lebertran: ca. 1/2 TL (weniger ist mehr)
     Spirulina/Chlorella/Ascophyllium Norwegian-Seealgenmehl: 1/4 TL
     Perna Canaliculus: 1 Messerspitze plus Öl plus Vitamin C (verbessert die Aufnahme im Körper)
     Honig: 1/2 TL
     Joghurt/Hüttenkäse/Quark/Buttermilch: 2-3 EL

Futterpläne – Vorschläge

FUTTERPLAN FÜR: Hund im Wachstum, große, schnellwachsende Rasse, 10 Wochen, 11,5 kg schwer, ...

Wer nicht umhin möchte, Getreide zu füttern, kann dies natürlich gerne tun – vorausgesetzt, der Hund verträgt es – hier ein Futterplan mit Getreide – die Mengenangaben bei der Futtermengenrechnung verschieben ist nicht besonders, da der junge Hund im Wachstum noch jede Menge Eiweiß, Kalzium etc. braucht, was groß und stark macht. Wichtig ist nur, dass die Proteinmenge, also in erster Linie das gefütterte Fleisch, nicht überhand nimmt, da zu viel Fleisch durch Phosphor die Kalziumaufnahme hemmt und somit nicht gerade ideal ist! Also lieber (besonders große Rassen) weniger Fleisch als vorgeschrieben, so dass die Junghunde langsam, aber stetig und gesund wachsen! Die Gemüsemenge kann beliebig gesteigert werden, wenn der Hund es gerne mag!

MONTAG	DIENSTAG	MITTWOCH	DONNERSTAG	FREITAG	SAMSTAG	SONNTAG
Morgens	Morgens	Morgens	Morgens	Morgens	Morgens	Morgens
Gemüsemix aus Apfel, Möhre, Öl, Salat, Chlorella, Quark, Vollkornnudeln	Obstbrei aus Apfel, Beeren, Bananen, Buttermilch, Honig und vorgequollenen Haferflocken und einigen Nüssen, Öl	Blumenkohl, Quark, Feldsalat, Vitamin C, Nachtkerzenöl, Vollkornreis	gedünsteter Spinat, Ei, Apfel, Rapsöl, Joghurt, Spirulina, Vollkornnudeln	Blättermagen	Brokkoli, Joghurt, Batavia, Apfel, Vitamin C, Hüttenkäse, Nüsse, Leinöl, Perna Canaliculus, vorgequollene Dinkelflocken	Obstbrei aus saisonalen Früchten, z.B. Birnen, Äpfel, Nüsse, Aprikosen, Erdbeeren, Haferflocken (vorgequollen), Quark
Mittags	Mittags	Mittags	Mittags	Mittags	Mittags	Mittags
Gemüsemix mit Rindfleisch	Getrocknetes Vollkornbrötchen und Reste des Obstmix	Hühnchenfleisch und Gemüsemix	Gemüsemix und Vollkornnudeln	Blättermagen	Leber/Innereien mit restlichem Gemüsemix	Friseesalat, Apfel, Kohlrabi, Fenchel, Joghurt, Spirulina, Nachtkerzenöl und Rindfleisch
Abends	Abends	Abends	Abends	Abends	Abends	Abends
Hühnerhälse oder Hühnerflügel	Rinderbrustknochen	Hühner- oder Putenhälse	Ein kompletter Fisch	Kalbsschwänze	Hühner- oder Putenhälse	Rinderbrustknochen

WICHTIG: Gemüsemix und Nudeln kann man zusammen füttern. Gemüsemix und Fleisch kann man zusammen füttern. Fleisch und Getreide (Nudeln, Reis, Flocken etc.) lieber getrennt füttern aus einem ganz einfachen Grund: Getreide, Fleisch und Gemüse haben eine grundverschiedene Verdauungszeit. Während Gemüse und Fleisch recht schnell verdaut werden können, liegt Getreide länger im Magen und zusammen mit Fleisch kann es üble Blähungen, Magenschmerzen und vor allen Dingen einen vollen Magen verursachen, der beim erwachsenen Hund immer auch die Gefahr einer Magendrehung erhöht. Kleiner Tipp – lieber Vollkornbrötchen knochenhart trocknen und als Knabberei geben! Flocken (Haferflocken etc.) immer über Nacht vorquellen in Milch, Möhrensaft oder Wasser.

B.A.R.F.

FUTTERPLAN FÜR: Hund im Wachstum, kleine Rasse, 5,5 kg leicht, getreidefrei und mit Gemüse-Obstwechsel täglich

Gesamtfuttermenge: 3 % seines Körpergewichtes, also 165 g, da noch im Wachstum rechnen wir hier mit 200 g!
Von diesen 200 g rechnen wir wieder 30 % für Gemüse und Obst, also 60 g, der Rest geht wie immer an Fleisch und Knochen.
Abzüglich Gemüse und Obst bleiben noch 140 g, also 30 %. Von diesen 140 g rechnen wir wieder 30 %, also 42 g für eine reine Fleischmahlzeit und 70 %, also 98 g für rohe fleischige Knochen.
Insgesamt 200 g, davon

    60 g Gemüse und Obst
    40 g Fleisch und
    100 g rohe fleischige Knochen

MONTAG	DIENSTAG	MITTWOCH	DONNERSTAG	FREITAG	SAMSTAG	SONNTAG
Morgens	Morgens	Morgens	Morgens	Morgens	Morgens	Morgens
Ziegenquark mit Apfel, Birne und Banane, Honig, Obst je nach Saison variieren	Hüttenkäse mit Aprikosen und Erdbeeren, Öl	Buttermilch mit Apfel, Brombeeren und Honig, Nüssen, Öl	Magerquark mit Birne, Kiwi, Pfirsich. Achtung! Milchprodukt mit Kiwi macht den Quark leicht bitter!	Ziegenquark mit Heidelbeeren, Banane und Birne mit einem Schuss Ziegenmilch und Honig	Naturjoghurt mit Beeren, Öl und Haferflocken (vorgequollen)	Apfel, Banane, Aprikosen, Quark, Nüsse, Honig
Mittags	Mittags	Mittags	Mittags	Mittags	Mittags	Mittags
Putenfleisch mit Zucchini (gelb), Friseesalat, Möhren, Rapsöl	Thunfisch mit Gurke, Fenchel, Friseesalat, Walnüsse	Kronfleisch mit Brokkoli, Kohlrabi, Rucolasalat, Möhren, Leinöl	Blättermagen oder grünen, ungewaschenen Pansen, Olivenöl	Leber, Eichblattsalat, Sellerie, Möhre, Eigelb mit Schale, Öl	Hühnerherzen, Spinat, Nachtkerzenöl, Spirulina oder Chlorella, Quark	Batavia, Möhre, Rote Bete, Apfel, Öl und Vitamin C
Abends	Abends	Abends	Abends	Abends	Abends	Abends
Hühnerflügel oder -hälse	Kaninchenknochen	Rinderbrustknochen	Rinderbeinscheibe	Putenhals	Hühnchenteile	Rinderbrustknochen

Erläuterungen:
Ob man sich die Mühe machen möchte und Obst und Gemüse zu variieren, bleibt jedem selber überlassen – ganz nach Zeit und Lust.

Futterpläne – Vorschläge

FUTTERPLAN FÜR: Erwachsenen Hund, 30 kg, kastriert, aktiv, aber leicht zunehmend

Erläuterungen:
Hier handelt es sich um einen Futterplan einer kastrierten Hündin, die leicht Gewicht ansetzt – da sie erwachsen ist und eben zur Pummeligkeit neigt, gibt es kein Getreide (schon aus gesundheitlichen Gründen), die Fleischmenge ist reduziert (das meiste Fleisch wird über die fleischigen Knochen berechnet und die Gesamtfuttermenge wird mit 2 % des Körpergewichtes angerechnet, da sie durch die Kastration einen veränderten Stoffwechsel hat und nicht so viel umsetzbare Energie verwerten kann.

	Montag	Dienstag	Mittwoch	Donnerstag	Freitag	Samstag	Sonntag
	Gemüsemix:	Gemüsemix:	Obsttag:	Gemüsemix:	Gemüsemix:	Gemüsemix:	Gemüsemix:
	Fenchel, Batavia, Apfel, Möhre, Öl, Chlorella	Frisée, Möhre, Kohlrabi, Quark, Vitamin C, Nachtkerzenöl	Beeren, Banane, Quark, Nüsse, Rapsöl, Honig	Feldsalat, Ei, Möhre, Rote Bete, Hüttenkäse, Vitamin C, Leinöl, Spirulina	Brokkoli, Rucola, Zucchini, Gurke, Öl, Vitamin C, Joghurt	Landgurken, Apfel, Quark, Kohlrabi, Öl, Vitamin C, Salat	Blättermagen (aufgeteilt in mehrere Mahlzeiten)
Fleisch:	Fleisch:	Fleisch:	Fleisch:	Fleisch:	Fleisch:	Fleisch:	Fleisch:
	Putenfleisch (mager)	Hühnchenfleisch (mager)	Fisch, komplett	Rinderkronfleisch (mager)	---	Pferdefleisch (mager)	---
Knochen (RFK)	Knochen (RFK)	Knochen (RFK)	Knochen (RFK)	Knochen (RFK)	Knochen (RFK)	Knochen (RFK)	Knochen (RFK)
	Rinderbrustknochen	Kalbsknochen	---	Hühnerhälse	½ Kaninchen mit Kopf	Pferdeknochen (Kniescheibe)	---

Erläuterungen:
Die Fleischmenge ist erheblich reduziert. Oft wird auf eine Fleischmahlzeit verzichtet und dafür dann lieber ein halbes Huhn, Kaninchen o.ä. nachmittags gefüttert, quasi Fleisch und Knochen in einem.
Die Gemüsemenge ist entsprechend erhöht, dass kein Hungergefühl aufkommt, aber das Gewicht gehalten wird. Eben wie bei einem vergleichbaren Menschen – mit zunehmendem Alter wird es immer schwerer, das Gewicht bei gleichbleibender Nahrungsmenge zu halten ... warum soll es den Hunden anders gehen? Allerdings ist dieses Phänomen natürlich auch abhängig vom jeweiligen Individuum – manche Hunde sind prima Futterverwerter und nehmen nicht zu, manche eben nicht!

B.A.R.F.

UMSTELLUNGSPLAN FÜR EINEN ÄLTEREN HUND (+ 10)

Um die Umstellung schonend zu gestalten, sollte man ein paar Dinge beachten: Die Nahrung sollte leicht verdaulich sein, die Knochen nicht zu hart in der Umstellungsphase, die Mahlzeiten eher klein und häufiger, als eine große Portion. Hat der Hund schon Verdauungsprobleme, sollte man eventuell Verdauungsenzyme zufüttern, um es dem Magen zu erleichtern. Ist der Hund gesund und eben nur ein wenig älter (+ 10) hat sich folgende Umstellung bewährt:

	MONTAG	DIENSTAG	MITTWOCH	DONNERSTAG	FREITAG	SAMSTAG	SONNTAG
	Gemüsemix:	Gemüsemix:	Obstbrei:	Gemüsemix:	Gemüsemix:	Gemüsemix:	Gemüsemix:
	Feldsalat, Möhren, Apfel, Olivenöl	Rucola, Zucchini, Apfel, Möhren, Spirulina, Öl	Banane, Apfel, Quark, Kürbiskerne, Öl	Blättermagen	Zucchini, Feldsalat, Sellerie, Leinöl, Vitamin C, Bierhefe	Landgurke, Batavia, Olivenöl, Möhren, Vitamin C, Perna Canaliculus, Nachtkerzenöl	Blättermagen
	Fleisch:	Fleisch:	Fleisch:	Fleisch:	Fleisch:	Fleisch:	Fleisch:
	Hühnerfleisch (mager)	Kronfleisch (Rind, sehr mager)	Fütterung des restlichen Obstbreis	Blättermagen	Hühnchenfleisch	Kaninchenfleisch	Blättermagen
	Knochen (RFK)	Knochen (RFK)	Knochen (RFK)	Knochen (RFK)	Knochen (RFK)	Knochen (RFK)	Knochen (RFK)
	Hühnerhälse	Kalbsknochen (weich und recht gut verdaulich)	Hühner- oder Putenhals	---	Hühnerhälse	Kalbsschwänze	---

Auch bei einem älteren Hund empfiehlt es sich, sofern er sich guter Gesundheit erfreut, sofort auf Rohernährung umzustellen. Einzig die Komponenten sind etwas abgeändert – weiche Knochen, leicht verdauliche Zutaten für die ersten Tage. Verdaut der Hund gut, langsam weiterprobieren, was ihm schmeckt und gut tut. Hat der Hund Probleme, beispielsweise trockenen, hellen Kot bis hin zur Verstopfung, dann die Knochenmenge reduzieren. Wer wegen des Zahnzustandes oder sonstigen Kriterien seinem älteren Hund keine Knochen mehr zumuten will (es ist für die meisten Hunde allerdings der absolute Höhepunkt des Tages an einem Knochen zu nagen), der kann den Nährstoffgehalt von Knochen, eben das Kalzium auch über Kalziumcitrat-Pulver (in jeder Apotheke erhältlich) ausgleichen. Einfach das Pulver zufüttern und fertig!

Ist der Hund allerdings gesund und hat noch gute Zähne, dann Knochen füttern – plötzlich wird man feststellen, wie viel Spaß Essen bedeuten kann und die Zähne reinigen sich wie von selbst! Besonders in der Umstellungsphase kein Getreide füttern (schwer verdaulich) und da Getreide, Kohlenhydrate, in Glukosen umgewandelt werden und Krebszellen fördern und ernähren, sollte man besonders beim älteren Hund eher darauf verzichten – es gehört nicht unbedingt in die Hundeernährung, im Gegenteil: Viele Allergien werden durch Getreide ausgelöst und besonders im Fertigfutter finden sich oft billige Füllstoffe wie Erdnusshülsen, die dann unter pflanzlichen Nebenprodukten aufgeführt werden.

Futterpläne – Vorschläge

ALLGEMEINFUTTERPLAN FÜR GESUNDE, ERWACHSENE HUNDE

Ein gesunder, aktiver Hund egal welchen Alters ist eigentlich problemlos umzustellen.

Je aktiver der Hund, je besser der Stoffwechsel funktioniert, desto mehr kann man die Futtermenge zum Höheren korrigieren.

Je besser der Hund verdaut, desto mehr kann man abwechseln. Auch kann man bei Bedarf einen Fastentag einlegen, wenn man möchte, oder an einem Tag eben Gemüse und ein halbes (viertel, achtel ... etc. je nach Größe) Kaninchen, Huhn oder ähnliches füttern. Ein fleischloser Tag in der Woche schadet nie! Hier Vorschläge zum Variieren:

Montag	**Dienstag**		**Mittwoch**		**Donnerstag**		**Freitag**		**Samstag**		**Sonntag**	
Obstmix:	**Gemüsemix:**		**Gemüsemix:**		**Gemüsemix:**		**Gemüsemix:**		**Gemüsemix:**		**Gemüsemix:**	
Obstmix aus Beeren, Banane, Quark, Öl und Honig	Batavia, Rote Bete, Quark, Lebertran, Apfel, Möhre, Spirulina		Feldsalat, Kohlrabi, Gurke, Sellerie, Perna Canaliculus, Ei, Birne, Hüttenkäse, Öl		Blumenkohl, Friseesalat, Joghurt, Chlorella, Nüsse, Lachsöl, Möhren		Fenchel, Apfel, Perna Canaliculus, Bierhefe, Leinöl, Salat		Grüner Pansen		gedünsteter Spinat, Ziegenquark, Chlorella, ein Stück Butter, Nüsse, Feldsalat, Apfel	
Fleisch:	**Fleisch:**		**Fleisch:**		**Fleisch:**		**Fleisch:**		**Fleisch:**		**Fleisch:**	
Ziegenfleisch mit Gemüsemix	Pferdefleisch		...		½ Huhn		Schaffleisch		Grüner Pansen		---	
Knochen (RFK)	**Knochen (RFK)**		**Knochen (RFK)**		**Knochen (RFK)**		**Knochen (RFK)**		**Knochen (RFK)**		**Knochen (RFK)**	
Ziegenknochen	Pferdeknochen		halbes Kaninchen (je nach Gewicht des Hundes)		Gemüsemix		Schaf-, Lammknochen		---		komplette Fische	

Erläuterungen:

Außer Schwein ist eigentlich alles erlaubt – Ziege, Schaf, Huhn, Pute, Ente, Rind, Pferd, Fisch, Wild ... was man eben an Knochen und Fleisch gut besorgen kann und möchte. Blättermagen oder grüner Pansen eignen sich hervorragend als Tagesmahlzeit, da das vorverdaute Gras wichtige Vitamine etc. liefert und den Magen reinigt.

Man kann auch einen Tag absolut fleischlos füttern, wie oben erwähnt fasten, oder ein ganzes Kaninchen mit Innereien, Kopf etc. füttern – selbst Fellstücke sind verdaulich und wichtige Kalziumlieferanten, allerdings sollte jeder für sich entscheiden, was er sich zumuten kann!

B.A.R.F.

 Und was ist mit Leckerlis?

Das Problem mit dem Naschen kennt wohl jeder Hundehalter und manch treue Hundeaugen lassen Herzen höher schlagen, Leckerlis schrumpfen und Bäuche wachsen. Aber auch hier gilt

»Gesund und lecker muss es sein!«

Das riesige Angebot im Fachhandel übertrifft in Form und Farbe, unterscheidet sich aber dennoch kaum in den Inhaltsstoffen von den herkömmlichen Futtermitteln.

Aus diesem Grund raten wir: Hände weg von der kunterbunten Leckerlikiste und ab in die Küche.

Prinzipiell kann man zwischen Käsewürfel, kleinen Obststücken, Nüssen, Naturprodukten wie getrocknete Leber, Lunge, Herz, Trockenfisch, Trockenpansen usw. variieren und somit Hundchen lecker, aber dennoch gesund verwöhnen. Weiterhin eignen sich solche Leckerlis hervorragend zum täglichen Training, bei denen selbst verwöhnte Nasen nicht widerstehen können.

Für all diejenigen, die ihrem Hund mit eigens kreierten Leckereien etwas Besonderes bieten möchten, haben wie hier eine kleinen Rezeptauswahl aus der Grünen-Hunde-Küche zusammengestellt.

Bon Appetit!

Lebercracker

Man nehme: 250 g frische Rinderleber
150 g Mehl
2 - 3 Eier
1 EL Öl
ca. ½ Liter Wasser

Die frische Leber wird roh püriert, die Eier aufgeschlagen und mit dem Mehl und Wasser zu einem festen Teig vermengt. Kleine Cracker mit Plätzchenformen oder Gläsern ausstechen und bei 180° ca. 25 Minuten backen lassen. Bereits der Duft zieht manchen Vierbeiner zum Ofen und nach dem Abkühlen wird Hundchen fast alles tun, um an diese Cracker zu kommen.

Futterpläne – Vorschläge

Fischsticks

Man nehme: 250 g frischen Fisch
(gerne auch tiefgefrorenes Seelachsfilet)
150 g Mehl
2 - 3 Eier
ca. ½ Liter Wasser
1 EL Lebertran

Fisch pürieren (selbstverständlich roh), Eier aufschlagen und mit Mehl, Öl und Wasser vermengen. Die fertige Teigmasse ausrollen und daraus kleine Leckerli formen (geht wunderbar mit Weihnachtsplätzchenformen – sieht auch noch prima aus!) Das Ganze bei 180° ca. 20 - 25 Minuten knusprig backen, anschließend abkühlen und bei Bedarf mit zum Training o. ä. nehmen!

Bananentaler

Man nehme: 2 ¼ Tassen Vollkornflocken
½ Tasse Magermilch
1 Ei
⅓ Tasse pürierte Banane
1 TL Honig

Alle Zutaten gründlich mischen, auf einer bemehlten Arbeitsfläche durchkneten und ausrollen. Mit kleinen Förmchen (je kleiner desto besser, schließlich sollen es ja Leckerlis werden und keine Hundekuchen) Kekse ausstechen und bei 150° ca. 30 Minuten backen.

B.A.R.F.

Wieso – weshalb – warum?

 Ist rohes Fleisch nicht gefährlich?
Im Gegenteil – woher das Ammenmärchen stammt, dass rohes Fleisch aggressiv macht, kann niemand mehr so genau sagen. Tatsache ist, dass in rohem Fleisch noch alle lebenswichtigen Inhaltsstoffe in bestmöglicher Form vorhanden sind. Ist das Fleisch erhitzt, gehen viele dieser Stoffe verloren. Also keine Scheu – alles außer Schweinefleisch kann bedenkenlos gefüttert werden.

Immer merken: Rohes Fleisch, das verdirbt, bleibt für den Hundemagen immer noch verdaulich, aber gekochtes verdorbenes Fleisch setzt Giftstoffe frei, welche die Hundegesundheit schlimmstmöglich schädigen können.

 Warum roh?
In roher Kost, ob Gemüse, Obst, Fleisch oder Knochen, sind meist zahlreiche Vitamine, Spurenelemente, Nährstoffe und Mineralien enthalten, die durch Erhitzen oder Kochen abgetötet werden. Gerade Fleisch und auch das beim Schlachten darin enthaltene Blut besitzt viele positive Eigenschaften, so dass es schade und Verschwendung wäre, diese herauszukochen, wenn Hundchen doch roh viel besser leben kann. Beim Fleisch weist das Eiweiß eine absolut optimale Aminosäurenzusammensetzung auf und ist daher besonders bei wachsenden Hunden zu empfehlen (auch eine trächtige Hündin sollte in jedem Fall mit rohem Fleisch ernährt werden, um Mängeln vorzubeugen). Die Verdaulichkeit von Fleisch liegt um die 98 % und die umsetzbare Energie ist durchweg sehr hoch.

 Was kann ich füttern?
Rind, Ziege, Schaf, Geflügel, Kaninchen, Pferd und Wild etc. (siehe Futterlisten) können gerne auf dem Speiseplan stehen.

 Warum kein Schwein?
Schweinereien sollten tabu sein, da eine Infektion mit dem gefährlichen Aujeszky-Virus, der so genannten Pseudowut, in allen Fällen tödlich verläuft. Da die Schweine kaum Krankheitsanzeichen aufweisen, kann trotz hochstandardisierter Lebensmittelkontrollen rohes Schweinefleisch Aujeszky-Überträger sein. Wenn also Schweinefleisch gefüttert werden sollte, dann leider in jedem Fall lange gekocht, damit der Erreger ausgemerzt wird (zumindest in unserem deutschen Raum besteht eine erhöhte Aujeszky-Gefahr,

während andere Länder anscheinend verschont blieben, worauf man sich aber in keinem Falle verlassen sollte, da viele Länder Fleisch importieren).

 Spitze Knochen?

Solange das gefütterte Geflügel (samt Knochen) roh gegeben wird, sind die Knochen leicht zu zerbeißen und vor allen Dingen weicher in der Substanz, selbst wenn sie uns arg spitz erscheinen. Werden Geflügelknochen allerdings erhitzt, werden sie zu wahren Waffen, da die Knochensubstanz nun fest und splitternd wird, was zu inneren Verletzungen und Magen-Darm-Blutungen führen kann.

Ebenso sieht es aus mit ganzen Fischen. Wir verfüttern unseren Hunden ab und an auch gerne einmal einen Fisch mit Kopf und Gräten, eben einen Fisch! Solange er roh verfüttert wird, besteht kaum größere Gefahr, dass Hundchen nicht damit klar kommt – übrigens werden die Hunde der Eskimos meist mit rohen Fischen ernährt.

Auch bei den Rinderknochen sollte man immer daran denken, dass nur die rohe Knochensubstanz für den Hund in erster Linie von gesundheitlicher Bedeutung ist (Kalzium-Lieferant), wohingegen ein gekochter Knochen eher gefährlich werden kann, da seine Substanz fester und splittriger, fast unverdaulich und unbrauchbar für den Hundemagen wird.

Wem der Gedanke an rohe Knochen unmöglich erscheint, der kann den Kalziumbedarf natürlich auch über Futtermittelzusätze ergänzen (z.B. Kalziumcitrat, Knochenmehl etc.) – allerdings entgeht dem Hund ein für Körper und besonders Zähne gesundes Kauvergnügen, eine länger anhaltende Beschäftigung und vieles mehr. Wer noch zweifelt, sollte es erst einmal mit weicheren Hühnerhälsen und Rinderbrustknochen versuchen. Kombiniert mit püriertem Gemüse, einem Schuss Öl, ab und an ein paar Kräuter und Zusätzen und fertig – eben biologisch artgerechte Rohernährung. Übrigens kann man die Knochen auch in eine Knochenmühle geben, wenn die Angst überwiegen sollte, dass der Hund sich verletzt.

Bei Hühnerknochen kann man mit dem Messer oder einem kleinen Beil auch die spitzen Knochen zerschlagen!

 Und die Salmonellengefahr?

Der Magen-Darm-Trakt des Hundes ist um einiges kürzer als der des Menschen und die Magensäure um ein Vielfaches aggressiver, was Salmonellen zu keinem Problem werden lässt. Grundsätzlich erkranken die meisten Hunde niemals an Salmonellen, da durch den verkürzten Magen-Darm-Trakt keine Zeit zur Einnistung und Bildung eines Krankheitsbildes besteht. Dazu kommt, dass die Verdauungszeit der Nahrung bei der Rohernährung noch

B.A.R.F.

verkürzt ist (die der getreidelosen noch kürzer) und dass auch hier wiederum Salmonellen keine Chance haben. Übrigens können Salmonellen und sogar der Aujeszky-Virus auch in Schweineohren, die es in vielen Tierfuttergeschäften gibt, enthalten sein, wenn die Produkte nicht ordnungsgemäß erhitzt wurden – kontrolliert werden die Produkte nicht, also lieber Hände weg davon.

Unsere Hunde, ob Welpe, Erwachsene bis hin zu hohem Alter hatten niemals Probleme mit Salmonellen und frisches Fleisch gerade Geflügelfleisch und Knochen (besonders die Hälse) sind sehr nahrhaft und durchaus gut verträglich, also sollte man es einfach mal auszuprobieren, wie der Hund darauf anspricht.

 Und was ist mit BSE?

Als Rohfütterer stellt man sich automatisch irgendwann diese Frage und man sollte nun in jedem Fall genau wie bei dem eigenen verzehrten Fleisch auf die Herkunft achten. Mittlerweile gilt es als erwiesen, dass BSE in Laborversuchen auch auf andere Tierarten – Hunde, Katzen etc. – übertragbar ist. Wir sind dazu übergegangen, in heimischen Betrieben, bei denen die Aufzucht und die Fütterung unserer Auffassung nach ok sind, zu kaufen. Auf dem heimischen Markt kaufen wir an jedem Wochenende Putenhälse von einem Hof, der sein Federvieh artgerecht hält und füttert, ebenso wie ab und an Kaninchen, Ziege und vom Schlachthof in der Nähe Rindfleisch aus dem Umkreis mit Herkunftsgarantie, von der man sich überzeugen kann.

Es ist widerlich, wenn man erst einmal darüber nachdenkt, was solche Krankheiten wie BSE forciert – da werden von Natur aus vegetarisch lebende Tiere wie Kühe mit billigem Knochenmehlgemisch abgefüllt – eine billigere Verwertung der Abfälle! (Noch mehr zum Thema BSE und Hund findet man unter www.der-gruene-hund.de).

 Welche Knochen?

Unsere Welpen werden von Anfang an nach B.A.R.F. ernährt und bekommen milchzahnadäquat in der Anfangszeit viele Hühner- und Putenhälse, aber auch mal weiche Kalbsbrustknochen und Kalbsschwänze. Unsere erwachsenen Hunde fressen eigentlich fast alle Knochenarten – wobei wir schon darauf achten, dass das Schlachttier recht jung war (spielt eine Rolle bei der Knochenhärte und dem Kalziumgehalt) – Rinderbrustknochen, Beinknochen, ganze Lammskelette, ganze Hühner, ganze Kaninchen, eben was gerade verfügbar ist. Allerdings gilt auch hier – zuerst einmal austesten, was der Hund gerne mag – Abwechslung ist sehr gut wegen dem Nährstoffwechsel, jedoch nur, wenn der Hund die Sachen auch verträgt.

Wieso – Weshalb – Warum?

 ### Knochen woher?

Die Beschaffung von Knochen ist in der Regel gar nicht so schwierig. Die beste Möglichkeit ist natürlich für Leute gegeben, die auf dem Lande wohnen und einen Metzger in der Nähe haben, der Tiere aus dem Umkreis schlachtet. Da kennt man die Herkunft und kann sicher sein, dass es sich nicht um hormonverseuchte, arme Kreaturen handelt, die meilenweit durch die Länder gekarrt wurden, um geschlachtet und verschachert zu werden. Natürlich kann aber auch ein Hähnchen aufgetaut werden.

 ### Fastentag – ja oder nein?

Hier gibt es geteilte Meinungen – die eigentliche Absicht des Fastentages ist das Reinigen und Ausruhen der Verdauungsorgane – das Simulieren eines beutelosen Tages in der Wildbahn.

Wir verzichten auf einen Fastentag sowohl bei den Zwei- als auch bei den Vierbeinern. Allerdings legen wir wöchentlich einen Obst- und Gemüsetag ein, um den Magen ein wenig zu entlasten und die Proteinzufuhr zu senken. Sicherlich kann ein Fastentag auch Vorteile bringen – also wer den »bitte gib mir«-Blick einen Tag lang standhaft erträgt, kann sicherlich wöchentlich einen Tag fasten lassen, wenn er sich (und natürlich Hund sich auch) besser fühlt.

 ### Nahrungszusätze – wenn ja welche?

Dieses Kapitel kann jeder für sich entscheiden. Grundsätzlich ist rohe, artgerechte Nahrung genug. Wir selbst sind der Meinung, dass in der heutigen Zeit unsere Lebensmittel leider nicht mehr die gewünschten Vitamin- und Nährstoffgehalte haben, wie sie der Organismus braucht – Überdüngung, ausgelaugte Böden und vieles mehr mindern die Inhaltsstoffe unserer Lebensmittel. Daher reichern wir ab und zu die rohe Nahrung noch mit verschiedenen Komponenten an, was allerdings sicherlich kein Muss ist:

1. Spirulina und Chlorella

Die Algen sind unglaublich nährstoffreich. Die enthaltenen Vitamine, Proteine, Spurenelemente Jod, Kupfer, Zink, Aminosäuren und vieles mehr, unter anderem auch Kalzium, eignen sich hervorragend dazu, eine Mahlzeit nährstoffreich aufzupeppen. Weitere Infos auch hier am Ende der Futterfibel unter »Spirulina und Chlorella«.

2. Vitamin C

Das so genannte Wundervitamin gehört bei uns fast zu jeder Mahlzeit dazu – nicht gerade als Ascorbinsäure (kann man auch mal verwenden, ist aber für

B.A.R.F.

Hunde mit empfindlichen Mägen auf Dauer eher nicht zu empfehlen), wohl aber Vitamin-C-hochdosierte, natürliche Präparate wie Hagebuttenpulver oder besser noch Acerola. Auch über Obst und Gemüse wird das Vitamin, das der Hund eigentlich in ausreichendem Maße synthetisieren kann, geliefert, allerdings haben Studien die durchaus positive Wirkung auf Knochen und Stoffwechsel, auf das Allgemeinwohlbefinden und den ganzen Hund mehr als bestätigt, so dass die Wunderwaffe bei uns zur täglichen Nahrung gehört.

Catherine O'Driscoll hat ein paar tolle Zeilen zu diesem erstaunlichen Vitaminchen geschrieben. Auch hierzu findet man am Ende unserer Futterfibel noch mehr Infos für Hardcore-Barf-Interessierte.

3. Kräuter

Mit den Kräutern ist es so eine Sache. Nicht jedes Gewächs, das für den menschlichen Organismus eine gesundheitsfördernde oder -erhaltende Wirkung hat, kann oder besser sollte gleichzeitig auch dem Vierbeiner gefüttert werden.

Was der engagierte Hundebesitzer im Endeffekt füttert, bleibt natürlich jedem in Abhängigkeit von der Verdauung seines Hundes selbst überlassen.

Sobald frische Kräuter gefüttert werden, ist Vorsicht geboten, da die Menge ganz entscheidend die Verträglichkeit beeinflusst. Die meisten Kräuter sind ätherisch und nimmt man beispielsweise ein einziges Blatt und wirft es in den Mixer zum Gemüse, so tritt aus jeder noch so fein zerkleinerten Krautsubstanz ätherischer Wirkstoff aus. Berücksichtigt man dies und füttert in kleinsten Mengen, haben sich unter anderem Kresse, Basilikum, ab und an Kerbel, geringe Mengen Minze und Petersilie bewährt. Sicherlich ab und an sinnvoller Zusatz, aber keine Dauergabe.

4. Öle

Wichtig für den B.A.R.F.-Einstieg ist es zu wissen, dass viele Vitamine in der Nahrung nur fettlöslich sind, das heißt der Hund hat erst unter Zugabe von Öl oder Fett die Möglichkeit, mit der Nahrung wirklich die gesunden Stoffe aufzunehmen.

Die verschiedenen Sorten von Distelöl, über Erdnuss-, Hanf-, Haselnuss-, Oliven-, Maiskeim-, Lein-, Kürbiskern-, Traubenkern-, Raps-, Sesam-, Sanddorn-, Soja-, Borretsch-, Sonnenblumen-, Walnuss- bis hin zu Weizenkeimöl sind sicherlich den meisten Leuten bekannt. Auch der Lebertran ist nicht zu vernachlässigen, enthält er doch wertvolle Vitamine und Fettsäuren, die gerade bei der Rohernährung eine große Rolle spielen. Wir selbst füttern

Olivenöl, Leinöl, Rapsöl, Walnussöl, Nachtkerzenöl, Lachsöl, Butter und Lebertran sowie Hanföl.

Dazu sollte man wissen, dass eine seltsamerweise kaum publizierte Studie eines schwedischen Institutes bewies, dass Konsum von Sonnenblumenöl Veränderungen im Erbgut begünstigte, die zu Krebs führen konnten. Das Institut für Krebsforschung in Schweden fand heraus, dass diese Öle (unter anderem auch positiv getestet waren Distel- und Maiskeimöl) eine Entstehung von Krebs zu einem sehr hohen Prozentsatz von über 50 % beeinflussen können.

Warum macht uns nicht stutzig, dass schon seit vielen, vielen Jahren Sonnenblumenöl in Versuchslaboren an Ratten als Wachstumsbeschleuniger für Krebstumore eingesetzt wird?

5. *Perna Canaliculus (Grünlippmuschelextrakt)*

Das Pulver aus der neuseeländischen Muschel enthält neben Aminosäuren, Spurenelementen und Mineralien noch den eigentlich wichtigsten Bestandteil für die Rohernährung, nämlich die Glycosaminoglykane. Sie helfen Knorpel und Bindegewebe dabei, sich schnellstmöglich zu regenerieren und fit zu halten.

In Verbindung mit Vitamin C und der täglichen Dosis Öl kann man geringste Mengen (2-3 mal die Woche höchstens eine kleine Messerspitze, je nach Gesundheitszustand – bei arthritischen Beschwerden auch höhere Dosen über kürzere Zeiträume) unter das pürierte Gemüse geben, auf dass der Gelenkapparat gesund bleibt. Hierbei gilt wie bei allen anderen Zusätzen: Auf gute Produktqualität achten!

6. *Milchprodukte*

Nicht nur schmackhaft, sondern auch äußerst zu empfehlen sind verschiedene Milchprodukte, die neben Kalzium noch viele Vitamine und Nährstoffe enthalten. Hier ist besonders darauf zu achten, dass die meisten Hunde hohen milchtypischen Milchzuckergehalt nicht vertragen und mit Durchfall reagieren.

Also sollte man Produkte wählen, die mit niedrigem Milchzuckergehalt doch noch oben genannte Wirkungen besitzen. Zuallererst wäre hier die Buttermilch zu nennen, die noch die guten Eigenschaften der Milch enthält, ohne einen hohen Milchzuckergehalt zu besitzen. Auch Quark und Joghurt, Hüttenkäse und Frischkäse können gefüttert werden – manche Hunde vertragen sogar Milch ausgezeichnet.

B.A.R.F.

7. Eier
Natürlich wird auch das Ei roh gefüttert. Ein Ei enthält neben Protein und Fett auch viele gutverdauliche Substanzen, viele Vitamine, essentielle Fettsäuren, Spurenelemete und die Eierschale ist ein prima Kalziumlieferant.
Aber: das Eiklar sollte man weglassen, da:
- Avidin darin enthalten ist, eine antinutritive Substanz, die leider ein absoluter Biotinbinder ist und somit Mangelerscheinungen hervorrufen kann, wenn öfter verfüttert, und
- ein Trypsinhemmstoff im Eiweiß enthalten ist, der zu Verdauungsstörungen führen kann.

Zwar gibt es darüber geteilte Meinungen, aber im Zweifelsfall lieber auf Nummer sicher und Eiklar trennen! Schale und Dotter ab in den Mixer zum übrigen Gemüse, allerdings nur so 2-3 mal pro Woche!
Besonders bei Hunden im Wachstum zu empfehlen.

8. Propolis
Das kleine Naturwundermittel ist kurmäßig in jedem Fall zu empfehlen, dient es doch als natürliches Antibiotikum, das keine Resistenzen bildet. So ein tolles Geschenk der Natur kann man nicht in zwei kurzen Sätzen abhandeln, also findet man am Ende der Broschüre mehr über das Pülverchen. Gerade auch nach Krankheiten und der Gabe von Antibiotika und Cortison sehr zu empfehlen! Muss bei Krankheit über längeren Zeitraum Antibiotika genommen werden, zerstört dies meist die krankmachenden Eindringlinge, leider aber auch die Darmflora, in die sich dann erst recht Pilze etc. einnisten können. Füttert man 1 - 1,5 Wochen Propolis nach einer Antibiose, kommt die antimykotische Wirkung dem Darm zu Hilfe!

 Wie stellt man am besten um?

Grundsätzlich sind wir der Meinung, dass eine direkte Umstellung die beste ist. Kein Mischen von Trocken- und Rohfutter, sondern von einem Tag auf den anderen eben roh und artgerecht füttern. Was man in jedem Fall tun sollte, ist die Zutaten für die ersten Tage leicht verdaulich zu wählen.

Hat ein Hund, besonders ein älterer, jahrelang Fertigfutterbrei bekommen, ist sein Magen darauf eingestellt und wird frische Kost und normale Verdauung gar nicht mehr gewöhnt sein.

Umstellungsfutterpläne für den Anfang sind entsprechend jeden Alters in unserer Futterfibel enthalten, so dass es für jeden ein leichtes sein sollte, die ersten Schritte in Richtung BARF zu meistern. Hunde mit Verdauungsproblemen sollte man die neuen, rohen Mahlzeiten erst einmal der leichteren

Verdauung wegen, getrennt füttern. Soll heißen, dass man über den Tag verteilt häufigere kleine Mahlzeiten einführen kann: Ein wenig Gemüsebrei (sofern der Hund ihn sofort annimmt), leichter verdauliches und wenig fettes Fleisch (bestmöglich Kaninchen, Pute oder Hühnchen), wenig weiche Knochen (Hühnerhälse).

Gewöhnt der Magen eines älteren Hundes sich nur sehr langsam an die frische Kost, kann man anfangs entweder die Nahrung kochen (nur das Fleisch) oder auch Verdauungsenzyme (Peptide, Bierhefe – erhältlich in gut sortierten Apotheken) zufüttern, die es dem Hundchen erleichtern, die Nahrung zu verdauen.

🦴 Wie finde ich heraus, wie viel mein Hund braucht?

Natürlich sind Mengenangaben immer in Abhängigkeit von Alter, Rasse, Größe, Aktivitäts- und Gesundheitsgrad etc. zu sehen. Grundsätzlich kann man aber die Formel anwenden, die wir bei der Einführung aufgeschrieben haben. Nimmt der Hund ab, erhöht man die Futtermenge, nimmt er zu, kann man den Prozentsatz auf 2 % des Körpergewichtes reduzieren und beispielsweise mehr Gemüse als Proteine füttern. (Für Welpen s. »B.A.R.F. Junior«.)

🦴 Was heißt »Entgiftung« eigentlich?

Einige Tage oder auch Wochen nach Umstellung auf die Rohernährung kann es gelegentlich zu »Entgiftungserscheinungen« kommen, weil der Körper nun mit der Innenreinigung beginnt und die über Jahre angelagerten Schadstoffe ausstößt. Die angelagerten Giftstoffe müssen raus und gerade Chlorella (blaugrüne Süßwasser Alge) hilft, angestaute Gifte zu lösen und abzutransportieren. Diese können nun in der ersten Zeit zu Durchfällen, Erbrechen, schleimüberzogenem Kot, Juckreiz etc. führen, aber in den meisten Fällen geht die Umstellung absolut problemlos.

Wie dem auch sei – durchhalten, es lohnt sich!

🦴 Getreide – ja oder nein?

Wieso enthalten die meisten B.A.R.F.-Futterpläne kein oder wenig Getreide, wo es doch im Fertigfutter immer enthalten ist? Getreide gehört eigentlich nicht zur Hundeernährung dazu – Caniden, zu denen unsere Stubenwölfe gehören, sind Beutefresser, die ein ganzes Beutetier mitsamt Mageninhalt und vielen Knochen- und Knorpelteilen voll verwerten können. Der Mageninhalt der Beutetiere, vorverdaute Gräser, Kräuter, Früchte etc. ist eine ideale Vitamin- und Mineralstoffquelle. Getreide in Fertigfuttern sind reine Billigfüllmittel. Der Hund wird satt, der Mensch ist zufrieden. Ganz abgesehen davon ist Getreide sehr schwer verdaulich für den Hundemagen und die

B.A.R.F.

Aufbewahrungszeit im Magen liegt weit über der von Fleisch oder Gemüse (wenn püriert). Dies kann zu Blähungen, Völlegefühl bis hin zur Begünstigung einer Magendrehung führen.

Auch ist Getreide ein sehr häufiger Auslöser für Allergien, außerdem können Kohlenhydrate im Körper zu Glukosen umgewandelt werden, die ihrerseits Arthrose, Krebszellen und ihr Wachstum begünstigen. Deshalb gerade auch bei älteren Hunden nach Möglichkeit eher darauf verzichten.

Bei Hunden, die Getreide vertragen, schaden ab und an ein hartgetrocknetes Vollkornbrötchen, Nudeln, Reis in den Obstquark, ein paar Amaranthkörner, Hirse o.ä. sicher nicht – wichtig ist nur immer, dass die Getreidemahlzeit vom Fleisch getrennt bleibt.

 ### Pfui, Gemüse?

Natürlich gibt es auch Hunde, die erst einmal ein langes Gesicht ziehen, wenn statt kräftig gewürzter Dosennahrung plötzlich roher Gemüsebrei auf dem Speiseplan steht. Einfach unter den Gemüsebrei gewolftes Fleisch mengen und die meisten Kostverächter sind überzeugt. Auch Dorschspäne, Thunfisch und leicht angebratenes Fleisch eignen sich hervorragend als Appetizer und nach ein paar Tagen wird Ihr Hund kaum noch genug davon bekommen können, seine frische Nahrung endlich zu erhalten! Besonders die Knochen werden sich zum täglichen Highlight entwickeln.

 ### Muss ich alles pürieren?

Gemüse und Obst müssen püriert sein, damit der Hund auch wirklich etwas mit den Gesundstoffen der Nahrungsmittel anfangen kann, da sein Magen keine Zellulose aufbrechen kann.

Ist das Frischzeugs püriert und mit Öl oder Quark aufgepeppt, kann er problemloser auf die Vitamine, Mineralien und Spurenelemente zugreifen. Fleisch muss nicht püriert werden – nur dann, wenn der Hund kein Gemüse mag – dann kleinstmöglich pürieren und unter das Gemüse mengen!

 ### Was tun bei ...

Verstopfung
Bei der Umstellung kann es passieren, dass der liebe Vierbeiner eventuell Verstopfung bekommt. Dann die Knochenmenge reduzieren und dafür ein wenig Joghurt unters Futter mischen – das lockert den Stuhl. Daher in der Umstellungsphase mit weichen Knochen (Hühnerhälse, Putenhälse – splittern nicht und sind voll verdaulich) beginnen und sich, je nachdem wie der Hund es verträgt, langsam annähern.

Wieso – Weshalb – Warum?

Durchfall
Auch zu Durchfall kann es in den ersten Tagen der Umstellung kommen (siehe Entgiftung), aber keine Panik – meist stellt sich eine normale Verdauung nach 1-2 Tagen wieder ein. Ist der Hund fit, frisst gut und zeigt keinerlei Anzeichen einer Erkrankung, kann man davon ausgehen, dass dies auf Grund der Umstellung auf eine rohe Fütterung geschieht. Hier mit etwas Schonkost beginnen (Gemüse- oder Obstbrei mit Quark oder Gemüsebrei mit Hühnchenfleisch).

Sollte der Durchfall sich nach drei Tagen nicht merklich gebessert haben und verweigert der Hund zusätzlich seine Mahlzeit, sollte die erste Handlung Fieber messen sein, da eine erhöhte Temperatur appetitlos macht. In den meisten Fällen hilft hier ein 24-stündiges Fasten, um evtl. im Darm entstandene Bakterien abzutöten. Jede kleinste Fütterung zwischen dieser Ruhephase verlängert die Abtötung der Bakterien im Darm um weitere 24 Stunden. Danach oben genannte Kost füttern. Geht der Durchfall weiter, von einem Tierarzt des Vertrauens untersuchen lassen, ob er nicht andere gesundheitliche Ursachen hat (beispielsweise Wurmbefall oder eine Infektionskrankheit).

Erbrechen
Erst einmal sollte man unterscheiden, ob der Hund:
- Galle erbricht – weiß/gelblicher Schleim: Keine Panik, es kann sein, dass der Hundemagen rebelliert, weil er Hunger hat – bei solchen Hunden lieber nicht fasten lassen. Kommt dieses Erbrechen öfter morgens vor, empfiehlt es sich, abends noch zumindestens eine Kleinigkeit zum Knabbern zu geben, damit der Magen etwas zu tun hat!
- Lässt sich der Vierbeiner öfter sein unverdautes Essen gleich nach der Aufnahme durch den Kopf gehen, kann es sein, dass er einfach ein hastiger Esser ist (Hunde schlingen von Natur aus, darauf ist ihr Magen-Darm-Trakt ausgelegt) – die meisten Hunde werden versuchen, dass rausgebrochene Mahl wieder zu sich zu nehmen, bevor der schockierte Besitzer dran kommt. Für Hunde normal, für uns sicherlich nicht!
- Auch beim hastigen Wasserschlabbern kann es passieren, dass Hundchen plötzlich zeigt, was in ihm steckt.
- Sollte das Problem viel öfter auftreten, in jedem Fall einen Tierarzt konsultieren!

Muss ich öfter entwurmen, wenn ich roh füttere?
Viele Anfänger werden sich diese Frage stellen, aber seien Sie getrost – NEIN! Die wenigsten adulten Hunde haben wirklich öfters Parasiten, sprich

77

B.A.R.F.

Würmer – trotzdem wird nach tierärztlicher Empfehlung mindestens 2-4 mal jährlich munter drauflos entwurmt! Aus welchem Grund fragt niemand, weil anscheinend Volksmeinung ist, dass jeder Hund Würmer haben muss!

Dem ist bei weitem nicht so und wenn Hund nicht gerade passionierter Mäuse- und Rattenvertilger ist, ist die Gefahr auf ein absolutes Mindestmaß reduziert.

Um aber sicherzugehen, kann man folgende Empfehlung ruhigen Herzens befolgen, da man der Gesundheit des Hundes und gleichzeitig der eigenen Unsicherheit Genüge tut:

Anstelle der Entwurmung auf Verdacht eine Kotuntersuchung machen lassen. Dazu braucht man eine Plastiktüte, eventuell eine kleine Schaufel und seinen Hund, der gerade ein Geschäft machen will. Dies sammelt man kurzerhand ein (besser noch Kotproben von zwei Tagen) und lässt diese Proben vom Tierarzt untersuchen. Der kann dann feststellen, ob und vor allem welche Würmer der Hund im Zweifelsfall hat und gleich das richtige Mittel dafür verschreiben!

Prophylaktisches Entwurmen ist ein immer wiederkehrender Chemiehammer, der viel Geld kostet und auf die Hundegesundheit schlägt. Eine Kotprobe ist schonender, viel aussagekräftiger und vor allen Dingen gibt es im Bedarfsfall keine Resistenzen gegen die Wurmmittel, weil man sie nicht vorher schon etliche Male umsonst gegeben hat!

Sparen und schonen! Da freut sich der Hund!

Koprophagie (Kotfressen)

Kotfressen kommt in den besten Hundefamilien manchmal vor. Ursachen hierfür können vielfältig sein. Es sei so viel gesagt: Bei den meisten jungen Hunden ist es erst einmal eine Unart, da Kot durch den enthaltenen Ammoniak (wie im Urin) und verdaute Rückstände anscheinend äußerst anregend wirkt – hier ist das Ganze eine Erziehungssache!

Frisst der erwachsene Hund Kot, vornehmlich den eigenen, so kann man davon ausgehen, dass ihm irgendetwas fehlt, seien es Spurenelemente, Mineralien o.ä. – der Körper nimmt sich eben, was er braucht. In dem Falle tut man gut daran, dem Racker eine homöopathische Dosis (5-10 Globuli) Kalzium Carbonicum Hahnemanni D 200 zu verabreichen und parallel dazu hat sich das Füttern von Spirulina, Heilerde aus der Apotheke oder dem Drogeriemarkt und gefülltem Blättermagen (was man sowieso füttern sollte) als sehr heilsam erwiesen.

Gibt er das Kotfressen nach einiger Zeit partout nicht auf, sollte man dem Tierarzt eine Kotprobe vorbeibringen, um zu testen, ob Hundchen keine Parasiten mit sich herumträgt, die wichtige Nährstoffe rauben!

Wieso – Weshalb – Warum?

Schleimüberzogener Kot, ist der Hund krank?
Bei der Umstellung auf B.A.R.F. müssen Sie sich über schleimüberzogenen Kot keine Gedanken machen, man kann diese Erscheinung getrost unter Entgiftungserscheinungen abhaken. Ab und an kann diese Erscheinung aber auch auftreten, wenn der Hund eine leichte bis schwere Darminfektion hat – zieht sich der schleimüberzogene Kotabsatz über längere Zeit hin, sollten Sie auch hier eine tierärztliche Untersuchung anstreben!

Weißer, harter Kot
Auch hier keine Panik – hat man eine große Portion Knochen gefüttert, ist das normal. Solange der Hund keine Verstopfung hat, ist es auch nicht schlimm und bei der nächsten Mahlzeit kann man die Knochenration auch etwas reduzieren. Auch nicht schockiert sein, wenn man nach 1-2 Tagen an den alten Hinterlassenschaften seines Hundes nochmals vorbeikommt und diese aussehen wie kalkhaltiges Urgestein ... eben weiß und etwas seltsam – alles normal bei der Knochenfütterung! Einfach ein wenig reduzieren.

   Ist das alles auch ausgewogen?
Diese Frage wurde schon ein paar Seiten vorher beantwortet – Ausgewogenheit hat nichts mit einer Mahlzeit zu tun, sondern der Hund sollte über Wochen und Monate hin gesehen alle notwendigen Mineralien, Spurenelemente, Vitamine etc. durch die Nahrung aufnehmen. Und das ist bei B.A.R.F. mit ein wenig Abwechslung in jedem Fall gegeben! Bei Unsicherheiten einfach ein Blutbild anfertigen lassen.

   Wie »barfe« ich im Urlaub?
Das kommt eben darauf an, wo man hinfährt – grundsätzlich gibt es überall Lebensmittel zu kaufen und wenn man sich einen Pürierstab mitnimmt, kann man auch im Urlaub problemlos alles frisch anfertigen.
   Wem das zu viel Stress bedeutet, der kann auch mehrere Portionen einfrieren und mitnehmen.
   Dem Hund schadet es auch nicht, wenn er in dieser Zeit nur Rind und Gemüse bekommt, wenn es zwei Wochen lang mal keine Knochen gibt oder ähnliches – danach gibt es sie ja wieder!

   Und was, wenn ich keine Knochen füttern möchte?
Auch das ist kein wirkliches Problem. Zwar entgeht Hundchen ein wahres schmackhaftes Kauvergnügen, aber wie auch überall gibt es Ausnahmen und der verantwortungsvolle Hundehalter wird schon seine Gründe für diese Entscheidung haben!

B.A.R.F.

Als gute Alternative zu Knochen eignet sich Kalziumcitrat oder auch Knochenmehl, das dem täglichen Futter untergemischt wird. Anstatt der reinen Knochenmahlzeit kann man dann – je nachdem – eine weitere Gemüse/Fleisch Mahlzeit oder Gemüse/Getreide Mahlzeit zubereiten.

Kalziumcitrat ist das Kalziumsalz der Citronensäure und unterscheidet sich zum herkömmlichen Knochenmehl (was man im Übrigen auch selbst in einer Knochenmühle herstellen kann) in der Reinheit und Konzentration. Es regelt das Säure-Basengleichgewicht im Körper, da es als Puffersubstanz tätig ist. Da Kalziumcitrat eine sehr hohe Verdaulichkeit hat, ist es auch für empfindliche Hundemägen gut geeignet. Die tägliche Beigabe variiert von ½ TL bis 1 EL, je nach Größe und Alter des Hundes.

Knochenmehl enthält außer Kalzium und Phosphor noch geringe Menge an Mineralstoffen und Spurenelementen und ist durch seine hohe Akzeptanz auch für »schlechte« Fresser hervorragend als Geschmacksverstärker geeignet.

Ob Knochen, Kalziumcitrat oder Knochenmehl – in welcher Form auch immer hat Kalzium die Aufgabe, Hartgewebe (welches zu 99 % in Knochen und Zähnen zu finden ist) im Körper zu bilden und darf somit beim »Barfen« keinesfalls fehlen. Wir empfehlen, Kalziumcitrat und Knochenmehl von seriösen Herstellern zu verwenden.

 Ist B.A.R.F. nicht furchtbar teuer?

Das kommt auch wieder darauf an, wo man seine Nahrungsmittel kauft. Knochen sind in der Regel sehr billig und Kronfleisch, Suppenfleisch, Hühnerhälse etc. kosten auch nicht die Welt.

Ob man nun Billigdiscounter oder Bioland wählt macht den Unterschied im Preis – grundsätzlich ist B.A.R.F. nicht wirklich teurer als ein handelsübliches Premium-Futter. Nur ist es eben frische, gesunde und abwechslungsreiche Nahrung!

 Ist B.A.R.F. nicht ein großer Aufwand?

Das ist abhängig davon, wie man es betreibt. Hat man wenig Zeit, empfiehlt es sich, große Gemüseportionen vorzubereiten, zu portionieren und einzufrieren. Täglich kann man dann auftauen, Fleisch zugeben und fertig! Wie oft man dieses Prozedere im Monat wiederholt oder wiederholen muss, hängt von der Größe der Kühltruhe ab und natürlich vom Hunger des Hundes! Gemüse hält sich auch püriert zwei bis drei Tage im Kühlschrank, also kann man in diesen Abständen anfertigen und kühlstellen!

Wer es etwas abwechslungsreicher möchte, der kann auch täglich frisch zubereiten – wenn man sich an die paar Handgriffe gewöhnt hat, ist es gar

Wieso – Weshalb – Warum?

nicht schlimm. Einfach Gemüse waschen, etwas zerkleinern, ab in den Mixer – bei Bedarf ein paar Zusätze und fertig! Mit etwas Routine gehts wirklich fix!

Muss ich täglich Gemüse, Fleisch und Knochen füttern?
Nein, natürlich nicht! Man kann auch einen fleischfreien Tag einlegen, einfach mal nur Blättermagen füttern, ein (je nach Größe des Hundes) Kaninchen hälften und verfüttern, dafür dann kein Fleisch zusätzlich füttern, einen Obsttag einlegen, einen Fastentag dazwischenschieben ... egal wie, Hauptsache, dem Hund schmeckt's und er ist gesund! 1 – 3 mal wöchentlich Knochenfütterung bei ausgewachsenen Hunden genügt!

Wir hoffen, dass die Hauptfragen hier beantwortet wurden. Weitere ausführliche Informationen finden Sie auf unserer Gesundheitshomepage www.der-gruene-hund.de. Auch wer sich beim Erstellen eines Futterplanes schwer tut, findet dort tatkräftige Unterstützung und Hilfe.

B.A.R.F.

Von Algen, Propolis, Vitaminen und anderen Schätzen der Natur

Spirulina & Chlorella – Kleine Kraftpakete

Wer möchte seinem Hund nicht alles geben, damit er gesund und munter bleibt. Aber nicht immer ist alles gesund, was so angepriesen wird!

Schauen wir uns doch mal die ganzen Nahrungsergänzungsmittel auf dem Markt an. Hund braucht dies, Hund braucht das ... und kann ohne dieses gesunde Allerlei kaum noch alt werden, geschweige denn leben!

Aber ist es wirklich so? Wüssten wir es nicht besser, so kämen wir fast auf den Gedanken, dass unsere Vierbeiner von Geburt an »krank« sind und nur durch diese Zusätze am Leben erhalten werden.

Wenn nun Hund all diese »gesunden Zusätze« tagtäglich braucht, dann stellt sich hier die Frage, warum nicht gleich ab damit ins Fertigfutter?

Wir haben uns schon oft gefragt, wieso wir bei unseren Hunden immer in eine Art »Hab Acht Stellung« verfallen. Ein Grund ist sicher, dass wir rundum gesunde Hunde möchten und aus diesem Grund nur das Beste für unsere Hunde gerade gut genug ist. Aber andererseits: Kein vernünftiger Mensch nimmt täglich Vitaminpillen ein, lässt sich jährlich gegen Grippe und Co. impfen und geht jeden zweiten Tag zum Arzt! Unsere Nahrung ist so vollgepumpt mit künstlichen Vitaminen und Mineralstoffen, dass auch ohne eine zusätzliche Einnahme solcher Präparate kaum eine Unterversorgung möglich ist.

Wieso also sollten unsere Vierbeiner ständig unter Mangelerscheinungen leiden? Jede kleinste Auffälligkeit wird bei unseren Hunden gründlichst untersucht, notiert und meist gleich vor Ort behandelt.

Erscheint Hund müde, das Fell nicht glänzend, lautet nach vorangegangen Bluttests die Diagnose nicht selten »Vitaminmangel durch Fehlernährung« und wird oft mit einem entsprechenden Präparat in Form von Tropfen, Pillen oder sonst was ausgeglichen. Nur die wenigsten Hundehalter entscheiden sich in diesem Augenblick gegen die bunten Pillen, denn Hundchen soll es ja gut gehen und schließlich vertraut man doch dem Tierarzt um die Ecke. Aber nicht jede kleinste Abweichung deutet unbedingt auf einen Mangel hin. Gerade beim »barfen« können hin und wieder Abweichungen auftreten, die man aber gut mit natürlichen Zusätzen ausgleichen kann. Synthetische Zusätze schaden auf Dauer mehr, als Gutes zu tun!

Alle synthetisch hergestellten Vitamine halten nach neuesten Studien nicht das, was sie versprechen! – weder bei Mensch oder Tier – und man sollte daher wenn möglich ganz auf solche Zugaben verzichten. Synthetische Zusätze werden nur bis zu einem gewissen Grad im Körper abgebaut. Eine natürliche Überversorgung dagegen wird vom Körper ausgeschieden. Als Folge synthetischer Zugaben können sich u.a. Struviten (Kristalle) im Körper bilden und sich in Gelenken bzw. Nieren, Gallen und Blase festsetzen. Dies kann zu Arthrosen, Nieren-, Gallen- und Harnstein führen. Ein langer und schmerzhafter Weg nimmt seinen Lauf!

Natürliche Zusätze wie Spirulina, Chlorella, Acerola oder Aloe Vera dagegen besitzen Kräfte, ohne im hündischen Körper langfristig Schäden anzurichten! Hunde brauchen nicht viel, um vor Gesundheit zu strotzen! Unser Leitsatz »Die Menge macht's – weniger ist mehr« gewinnt auch hier an Bedeutung und beweist mal wieder, dass mit ein, zwei natürlichen Zusätzen, einer artgerechten Fütterung und möglichst wenig Chemie einer gesunden Lebensqualität nichts mehr im Wege steht. Hier die natürlichen Zusätze im Einzelnen:

Spirulina – Diese Mikro-Alge wirkt als Kur hervorragend und bringt das Immunsystem so richtig auf Vordermann.

Zusätzlich enthält diese Alge außer Vitamin C alles an Spurenelementen, Mineralstoffen, Aminosäuren, Chlorophyll und ca. 1 % Gamma-Linolensäure um den Körper ausreichend und optimal zu versorgen. Eine weitere positive Eigenschaft der Spirulina besteht darin, dass sie den Körper zur Bildung neuer Blutzellen anregt. Phycocyanin, der blaue wasserlösliche Pigmentfarbstoff der Spirulina Alge, kann auf die Stammzellen des Rückenmarks Einfluss nehmen. Selbst wenn diese durch chemische Gifte beschädigt worden sind, kann Phycocyanin die Produktion der weißen Blutzellen weiterhin regulieren. Er gilt als Entgifter in Leber und Niere und sorgt so dafür, dass die Zellen geschützt werden. Darüber hinaus ist dieser Pigmentfarbstoff ein gutes Antioxidant, welches in der Lage ist, freie Hydroxyl-Radikale einzufangen und unschädlich zu machen.

Spirulina leistet u.a. gute Dienste als Therapieunterstützung bei Allergien, Blutarmut, Arthrose, Bauchspeicheldrüsenentzündung, Leberzirrhose, Gastritis, Immunschwäche, Atemwegsinfekten und Schwermetallvergiftungen.

Chlorella dagegen ist eine blaugrüne Süßwasser-Alge, die ihren Ursprung in Asien hat. Sie ist die »Nummer Eins« unter allen Algen!

Im Vergleich zu vielen anderen Algen ist sie eine echte Pflanzenform und hat Zellwände aus Zellulose. Ihr Gehalt an Vitaminen, Spurenelementen und Mineralstoffen übertrifft alles und sorgt so für Power pur! Chlorella hat mit ca. 3 % Chlorophyll* einen so hohen Anteil, dass es dem Hämoglobin ähnelt und die Zellen mit Sauerstoff versorgt.

---

* grüner Pflanzenfarbstoff und Sonnenspeicher der Pflanzen

B.A.R.F.

Aber nicht nur das! Die Chlorella bindet besonders Schadstoffe und Schwermetalle und hilft, sie aus dem Körper zu schleusen. Somit ist Chlorella der »Lebensretter« unter den Algen! Keine andere Alge hat einen solchen Entgiftungsmechanismus wie sie.

Weiterhin besitzt sie zu den vielen Vitaminen (auch Vitamin C!) Mineralstoffe, 16 wichtige Aminosäuren, darunter alle acht essentielle, Protein, Pigment, ungesättigte Fettsäuren und vieles mehr. Durch den hohen Anteil an Chlorophyll hat Chlorella wie auch die Spirulina Alge die Eigenschaft, die Enzymaktivität der Endonuclease* anzukurbeln, um die DNA wieder zur Ausbesserung anzuregen.

Somit hilft Chlorella, den Körper in regelmäßigen Abständen von negativen Umwelteinflüssen und Giften zu befreien und reinigt das Blut auf sanfte Art!

Worin besteht nun der direkte Unterschied zwischen diesen beiden Algen?

Spirulina stärkt in erster Linie das Immunsystem und baut kranke und geschwächte Körper wieder auf. Ihr Anwendungsgebiet ist groß und reicht von immunkranken Tieren über Mangelerscheinungen bis hin zu einer natürlichen Vorbeugung.

Chlorella dagegen wirkt optimal bei Schwermetallvergiftungen, langjährigen Impfungen und nach Einsatz chemischer Parasitenschutzmittel. Durch hohe Umwelt- und Schadstoffbelastung, deren unsere Hunde ständig ausgesetzt sind, wirkt Chlorella wahre Wunder und sollte daher die »Kur« nach jeder chemischen Behandlung sein!

Monatliche Floh- und Zeckenbekämpfungsmittel aber auch der tägliche Spaziergang rund um, mit Pestiziden eingenebelten Feldern, Antibiotika und vieles mehr lassen dieses Mittel »unverzichtbar« werden.

Wie man nun diese kleinen Kraftpakete anwendet, ist jedem selbst überlassen. Eine Vorschrift gibt es nicht, aber die Erfahrung hat uns auch hier gezeigt, dass eine kurmäßige Anwendung von 4 - 6 Wochen einen positiven Schub mit sich bringt. Zur Entgiftung oder nach Krankheit bewährt sich auch die wöchentliche Zugabe als unterstützende Maßnahme.

Natürliches Vitamin C – eine wahre Wunderwaffe

Klar wissen wir, dass Vitamin C gut ist, aber für den Hund? Der Hundeorganismus ist selbst in der Lage, Vitamin C zu synthetisieren, also warum noch zufüttern?

Entdeckt und isoliert wurde Vitamin C von Albert Szent-Györgyi, einem ungarischen Biochemiker und Wissenschaftler, der 1937 für seine Arbeiten mit dem Nobelpreis ausgezeichnet wurde. Prof. Linus Pauling (1901 - 1994)

---

* spezielles Enzym, das beschädigte DNAs repariert

zweifacher Nobelpreisträger, führte die Studien zu Vitamin C fort und stellte die These auf, dass hohe Mengen natürliches Vitamin C Krebs verhindern könne.

Mal ganz davon abgesehen, dass die heutigen negativen Umwelteinflüsse auch den hündischen Organismus trotz Eigensynthese in Leber und Niere enorm belasten und durch viele Überzüchtungen bestimmte »Rassen« von Anfang an unter einem schwachen Immunsystem leiden, spricht nichts gegen eine natürliche Vitamin C Zugabe in Form von Acerola, Hagebutten oder der billigeren, säuerlichen aber synthetischen Ascorbinsäure. Letzeres führt allerdings häufig zu Übersäuerung des Magens und wird unter E300 als Konservierungsstoff angegeben – daher ist sie nicht zur Dauergabe empfehlenswert.

Auch muss erwähnt werden, dass man natürliches Vitamin C, welches im Preis weitaus höher liegt, nicht mit China-Importen vergleichen sollte, da diese oft im Verdacht stehen, mit Schwermetallen verunreinigt zu sein. Acerola- und Hagebuttenpulver sind daher wegen ihrer magenschonenden und sehr guten Verträglichkeit vorzuziehen.

Da reines Vitamin C wasserlöslich ist und über den Urin bzw. über den Kot ausgeschieden wird, ist eine Überdosierung so gut wie unmöglich. In Ausnahmefällen und bei großer Überfütterung reagiert Hund mit Durchfall.

Vitamin C wirkt optimal bei Stress und Krankheit, da es nicht nur das Immunsystem stärkt, sondern auch an der Gesunderhaltung von Haut (Bindegewebebildung, Knochen), Stoffwechsel, Augen und Zahnfleisch sowie für die Herstellung von Serotonin und Noradrenalin (Hirnbotenstoffe) beteiligt ist.

Auch nach Operationen und Lebererkrankungen ist eine zusätzliche Gabe von reinem Vitamin C von Vorteil. Weiterhin verhindert es eine Oxidation von Folsäure und Vitamin E und ist u.a. lebensnotwendig für den Abbau von Cholesterin.

Durch die Zugabe von Acerola oder Hagebuttenpulver werden auch toxische Fremdsubstanzen und Umweltgifte wie Pestizide, Schwermetalle aber auch künstliche Zusätze im Hundefutter durch ein Enzymsystem der Leber zur Ausscheidung angeregt.

Vitamin C hemmt auch die Bildung von Nitrosaminen, die zu den krebsauslösenden Substanzen gehören und hilft, malonsäurehaltige Lebensmittel zu neutralisieren sowie Oxalsäure aus dem Körper zu schleusen.

Wenn man also bedenkt, dass natürliches Vitamin C für so viele lebenswichtige Prozesse im Körper verantwortlich ist und die Eigensynthese durch hohe Umweltbelastungen hart auf die Probe gestellt wird, dann fragt man sich doch, warum so viele auf dieses Wundermittel verzichten!

B.A.R.F.

Nach Meyer und Zentek wurde »... aus verschiedenen Praxen berichtet, dass gerade bei schnell heranwachsenden Welpen klinische Erscheinungen beobachtet wurden, die einen Vitamin C Mangel des Menschen – Bewegungsstörungen, Skelettveränderungen infolge ungenügender Kollagenbildung, teilweise durch hohe orale Vitamin C Gaben (10 mg/kg KM/Tag) geheilt werden konnten«.

Catherine O'Driscoll geht noch einen Schritt weiter und beschreibt das Vitamin in »Help your Dog to stay young and beautyful« als wahres Wundermittel.

Ein Tierarzt (W.O. Belfield) führte eine Testreihe mit acht Paaren Deutscher Schäferhunde durch, die alle nachweislich an Hüftdysplasie litten und diese auch schon vererbt haben sollten. Er gab vom Tag der Belegung den Hündinnen einen Vitamincocktail, der extrem hohe Vitamin-C-Dosen, Mineralien u.a. enthielt (Mega C Drops) – auch die Welpen bekamen von Geburt an bis zum zweiten Lebensjahr hohe Vitamin-C-Dosen – alle Nachkommen der Verpaarungen waren absolut HD-frei – leider wurde das Experiment nicht reproduziert.

Vitamin C findet man u.a. in den Nieren und der Muskulatur und eine noch höhere Konzentration u.a. in Leber, Lunge, Darmschleimhaut und Bauchspeicheldrüse des Hundes. Der höchste Anteil übernimmt die Hypophyse im Gehirn. Aus diesem Grund gibt es bei uns oft eine Messerspitze Acerolapulver ins Futter!

»Propolis kittet viele kranke Seelen ...«

Wer kennt es nicht oder hat zumindest schon mal davon gehört. Propolis: Bienen-Kittharz, welches auch zum Bauen von Bienenstöcken verwendet wird. Dieses Kittharz mit seinem leicht balsamischen Geruch wird bereits während des Rücktransportes in den Stock mit Mandibulardrüsensekret der Apis mellifica, der Honigbiene, vermischt.

Vor dem eigentlichen Verwenden wird das Kittharz weiterhin mit Wachs und Pollen vermengt und zum Schluss mit einem speziellen Speichelsekret schön geschmeidig gemacht. Nur so erhält Bienen-Kittharz seine speziell schützende Funktion.

Natürliches Propolis ist ein »Unikat«, denn die Zusammensetzung variiert von Pflanzenart zu Pflanzenart. Die Hauptsammelzeit für Propolis beginnt für die Bienen mit der Vorbereitung auf den Winter, im Spätsommer.

Bereits die alten Ägypter nutzten die Kraft von Propolis zum Einbalsamieren von Mumien, aber auch in Weltkriegen wurde dieses Wundermittel zur Wundbehandlung immer wieder erfolgreich eingesetzt. Aus diesem Grund macht dieses natürliche und vor allem nicht toxische Antibiotikum

Von Algen, Propolis und anderen Schätzen

bereits seit längerer Zeit auch in unseren Kreisen die Runde. Das Anwendungsgebiet ist groß und reicht von der Einnahme reinem Propolis-Extrakt über Tinkturen bis hin zu Propolis-Salben.

Wenn man nun die Natur beobachtet, kann man viel von ihr lernen und gerade Bienen zeigen uns natürliche Abwehrmaßnahmen, die weder Bakterien noch andere Parasiten in ihre heiligen Gemächer lassen. Durch die extrem stark hemmende und bakterienabtötende Wirkung wird Propolis überwiegend als stärkstes natürliches Antibiotikum der Natur eingesetzt. Das in Propolis enthaltene C, E, H und B sowie E, Z, K, Chrom, Silizium, Vanadium, Kalzium und Mangan versorgt den hündischen Organismus weiterhin mit natürlichen Vitaminen, Spurenelementen und Mineralstoffen.

Propolis bewirkt gegenüber künstlichen Antibiotika, dass Bakterienstämme (z.B. Staphylokokken, Streptokokken, Salmonellen, Trichophyten, Candida und Kolibakterien) Pilze und Viren keine Resistenz entwickeln können und somit der hündische Organismus nicht unnötig belastet wird.

Propolis ist hervorragend geeignet bei Atemwegs- und Hauterkrankungen, hilft verletztes Gewebe und Vernarbungen natürlich aufzubauen, wirkt antiviral und fungizid, hemmt das Wachstum bestimmter Krebszellen, entgiftend (Leber!), schmerzstillend, betäubend (lokalanästhetisierende Eigenschaft) immunstimulierend, krampflösend, regenerativ und vieles mehr. Da Propolis weiterhin Schimmelbildungen verhindert, wurde es schon früher verwendet, um Beeren, Wurzeln und Trockenfleisch vor dem Verderben zu schützen und haltbar zu machen.

Unser Propolis ist ein 100 % biologisches Produkt und kommt frisch vom Imker. Um eine Kur (eventuell vor dem Winter) zu machen, sollte man 3-4 Wochen lang täglich eine Messerspitze Propolis-Pulver mit Buttermilch oder Honig unter die Nahrung mischen.

Hat der Hund bereits beispielsweise leichten Husten, kann man dreimal täglich zu den Mahlzeiten Propolispulver in Buttermilch verrührt in die Nahrung geben (ebenfalls immer eine kleine Messerspitze, da es sich um konzentrierte Power handelt). Parallel dazu einen Schal um den Hals ziehen (sieht vielleicht lustig aus, aber erfüllt seinen Zweck), einen Schleimlöser geben und abwarten – nach wenigen Tagen sollte der Husten bestmöglich überstanden sein!

Darüber hinaus gibt es die Möglichkeit, Propolissalben und -tinkturen bei Verletzungen und Wundbehandlungen äußerlich anzuwenden. Hierbei ist darauf zu achten, dass es sich um reines Propolis-Extrakt handelt. Nur so ist gewährleistet, dass keine Begleitstoffe enthalten sind!

Auch hier bitte immer dran denken: Die Menge machts – weniger ist mehr!

B.A.R.F.

 Aloe Vera – »Ein Lebenselixier macht die Runde«

Ursprünglich stammt dieses Liliengewächs aus der nordafrikanischen Wüste und gleicht im ersten Augenblick eher einer Kaktee. Die Aloe Vera Pflanze kann in ihren Blättern Wasser speichern und somit monatelang ohne Regen auskommen.

Im Gegensatz zu vielen anderen Pflanzen, liebt die Aloe Vera Pflanze die extreme Hitze und selbst die trockenste Umgebung hinterlässt auf ihr keine Blessuren.

Sie hat weltweit über 300 Unterarten, von denen aber nur die australische Barbadensis Miller nachweislich über die beste Heilkraft verfügt! Nicht nur bei uns kann sie wahre Wunderheilkräfte entfalten. Äußerlich angewandt hilft sie unter anderem, Wunden rasch abheilen zu lassen, Schmerzen zu lindern und die Durchblutung zu fördern. Sie durchfeuchtet die Haut, wirkt antiallergen und juckreizstillend, regeneriert verletztes Gewebe und hat eine antibiotische, entzündungshemmende und keimtötende Wirkung. Das Gel dieser Pflanze wirkt auf den betroffenen Stellen u.a. kühlend und beruhigend.

Eine klinische Studie bei Erfrierungen belegte sogar, dass »... 68 % mit Aloe Vera behandelter Tiere völlig genesen sind, im Vergleich zu 37 % die eine andere Behandlung erhielten ...«.

Innerlich wirkt der Saft der Aloe Vera Barbadensis Miller Pflanze in erster Linie durch den Hauptwirkstoff »Acemannan« (einer langkettigen Zuckerform, die in allen Körperzellen sitzt und diese schnell regeneriert), der mitunter für eine stabile Barriere gegen Parasiten, Bakterien und Co. sorgt.

Besonders nach chemischen Kuren, bei denen die Darmflora geschädigt wird, sorgt diese Heilpflanze dafür, die natürliche Bakterienflora wieder aufzubauen und zu stärken.

Weiterhin hat Aloe Vera eine fiebersenkende Eigenschaft, lindert Hustenreiz, regt die Darmtätigkeit an, gleicht den Säure-Basen-Haushalt wieder aus und hat durch den hohen Anteil an Vitamin A eine überaus positive Wirkung auf die Sehkraft.

Das Extrakt der Aloe Vera Barbadensis Miller Pflanze enthält über 200 verschiedene Inhaltsstoffe und sorgt somit für den positiven Effekt dieser Pflanze. Alle Vitamine, Spurenelemente und Mineralstoffe wie Kalzium, Phosphor, Eisen, Vitamin C und E, um nur einige zu nennen, stehen in einem ausgewogenem Verhältnis und liefern zusammen mit Aminosäuren, Enzymen und essentiellen Fettsäuren alles, was Hundchen für ein gesundes Leben braucht.

Die Aloe Vera Pflanze wirkt unterstützend bei Arthrose, allgemeinen Krankheiten des Bewegungsapparates, Asthma, Augenerkrankungen, Diabetes, Hepatitis, Gastritis, Fellproblemen, Herzleiden, Zahnerkrankungen, Schürfwunden und Verbrennungen.

Aloe Vera ist ein echtes Lebenselixier, das wir Mutter Natur verdanken und das dem Organismus hilft, das Immunsystem und somit seine Abwehr zu stärken, damit Zivilisationskrankheiten abgeblockt werden können.

Entgiftungskur-Tipp

Sieht man die chemischen Keulen, denen unsere Hunde (und auch wir) ausgesetzt sind (Ungezieferpräparate, Medikamente, Futtermittel mit Konservierungsstoffen etc.), hat ein Hund Vergiftungen, starke Antibiotikabehandlungen, Allergien o.ä. gerade erst hinter sich, empfiehlt es sich, folgende Kur anzuwenden:

45 Tage lang: Nebel'sches Drainagemittel (nach Dr. H.G.Wolff, Unsere Hunde gesund durch Homöopathie) (morgens und abends siehe »Ausleitung von Giftstoffen«).

| Morgens unters Futter: | 1 Messerspitze Chlorella |
| Abends unters Futter: | 1,5 EL Aloe Vera Gel Purum |

Um die Ablagerungen im Hundeorganismus schwarz auf weiß zu bekommen empfiehlt sich eine Fellanalyse bei einem seriösen Labor, die Rückstände von Schadstoffen, die über Jahre angesammelt und gelagert wurden, aufzeigt.

Die Kur kann ohne Nebenwirkungen jederzeit verlängert werden bei Bedarf!

Ausleitung von Giftstoffen

Jahrelanges Impfen, Verwendung von chemischen Ungeziefermitteln zum Zeckenschutz, Medikamente und Umwelteinflüsse gehen an keinem Organismus spurlos vorüber. Giftstoffe lagern sich im Körper an und können dort wichtige Funktionen blockieren oder sogar Zellen in bösartige Geschwulste verändern. Als Beispiel kann man hier folgendes anführen:

Die Fellanalyse einer 8-jährigen Labradorhündin ergab erhöhte Quecksilberwerte und erhöhte Nickelwerte.

Entfernt wurde ein bösartiges Karzinom und um den Organismus zu reinigen (auch nach Krebsoperationen anzuraten, besonders mit paralleler Medikamentation) kann man das Nebel'sche Drainagemittel verwenden:

Es ist eine Zusammensetzung verschiedener pflanzlicher Drogen in niedrigster homöopathischer Potenz, welche die ausscheidenden Organe des Körpers anregen, wenn der seit längerem kranke Organismus mit Toxinen überladen ist. Deswegen gibt man es gerne nach überstandenen Krankheiten, während der Genesungszeit. Ein ähnlicher Zustand stellt sich auch beim

B.A.R.F.

Krebs dar, und das Mittel wird hier zusätzlich vor und nach Krebsoperationen verordnet.

In einer Langzeitbehandlung von mindestens 30 Tagen sollte man morgens gegen 7 Uhr (Ausscheidungsstunden der chin. Organuhr) und mittags zwischen 13 und 15 Uhr den »Cocktail« geben.

Je nach Grad der innerlichen Verschmutzung tritt die Entgiftung früher oder später ein, aber die Kur kann unbedenklich wiederholt werden.

Die Zusammensetzung (jeweils 3-5 Globuli)
China D 6
Hydrastis canadensis D 6
Solidago virgaurea D 2
Taraxacum D 3
Ceanothus americanus C2
Crataegus D 6 ana

Parallel zur Ausleitung sollte man kurmäßig täglich eine Messerspitze Chlorella unters Futter geben. Viel Wasser bereitstellen. Auch Aloe Vera eignet sich hervorragend zur Ausleitung von »Altlasten«.

Dazu sei ein weiteres gesagt: Wenn möglich, dann lieber auf Chemie jeglicher Art verzichten. Lassen Sie sich nicht einreden, ein Mittel, das Carbamate oder Pyretroide enthält, sei unschädlich für den Organismus.

Von Algen, Propolis und anderen Schätzen

Vitamine, Mineralstoffe und Spurenelemente in ...

Nahrungsmittel:	mg/100g
Braunalgen	1000
Sesam	783
Amaranth	490
Leinsamen	260
Karotten	255
Mandeln	250
Haselnüsse	225
Sojamehl	195
Feige (getrocknet)	190
Bohnen	195
Petersilie	145
Grünkohl	110
Fenchel	100
Sonnenblumenkerne	100
Vollkornbrot	95
Spinat	85
Aprikosen (getrocknet)	80
Walnüsse	70
Weizenkeime	70
Brokkoli	65
Haferflocken	65
Sellerie	50
Vollmilchjoghurt	150
Vollmilch	160
Eier	125
Heilbutt	11

Vitamine und Mineralien in Obst und Gemüse

VITAMIN C	**VITAMIN B1**	**VITAMIN B2**
Aktiviert und reguliert den Stoffwechsel. Aufbauvitamin für Bindegewebe, Knorpel, Knochen und Zähne. Stärkt das Immunsystem. Beugt der Arterienverkalkung vor. Hilft dem Körper beim Entgiften.	Wichtig für die Energiegewinnung und die Funktion der Nerven. <hr> **VITAMIN B6** Wichtig für den Aufbau von Eiweiß und somit fürs Wachstum. Von Bedeutung auch für das Immunsystem und den Bau des roten Blutfarbstoffs.	Ist an der Energiegewinnung beteiligt und am Aufbau von Fettsäuren und Eiweiß. Schützt die Ummantelung der Nervenzellen. <hr> **FOLSÄURE** Spielt beim Aufbau von Erbsubstanz eine Rolle, gebraucht bei Zellteilung, z.B. in den Schleimhäuten.
VITAMIN B3 Hilft bei der Reparatur von Schäden an der Erbsubstanz. Sorgt für die Energiebereitstellung und wirkt im Stoffwechsel von Kohlenhydraten, Fett und Eiweiß mit. <hr> **PANTOTHENSÄURE** Im Körper fast allgegenwärtig. Ist am Stoffwechsel und an der Energiegewinnung beteiligt. Außerdem wichtig für Schleimhäute, Haut und Haare.	**BIOTIN** Im Stoffwechsel und bei der Energiegewinnung aktiv.	**VITAMIN B12** Bei vielen Stoffwechselvorgängen mit von der Partie. Erforderlich für die Blutbildung und für die Bildung neuer Zellen, d.h. fürs Wachstum. Unterstützt das Immunsystem. Fördert die körperliche und geistige Leistungsfähigkeit.

VITAMIN A Augenvitamin und Wachstumsfaktor. Ermöglicht das Sehen in der Dämmerung, schützt Haut und Schleimhäute.	**KAROTINOIDE** Wirken Vitamin-A-ähnlich, denn sie können im Körper zum Teil in Vitamin A umgewandelt werden. Spielen bei der Informationsübermittlung zwischen den Zellen eine Rolle.	**VITAMIN D** Sorgt dafür, dass der Körper aus dem Darm Kalzium aufnehmen kann. Fördert den Einbau von Kalzium in die Knochen. Hat weitere Funktionen bei der Zellreifung und der Steuerung des Immunsystems.
VITAMIN E Schützt die Zellen vor Angriffen der Freien Radikale, indem es die aggressiven Verbindungen abfängt.	**VITAMIN K** Fördert die Blutgerinnung; ist beteiligt am Aufbau von Eiweiß für Blut, Niere und Knochen. Sorgt für stabile Knochen.	**KALIUM** Beeinflusst die Wasserverteilung im Körper. Notwendig zur Übertragung von Nervensignalen auf die Muskeln, für die Funktion der Muskeln selbst und das Säure-Basen-Gleichgewicht im Körper.
KALZIUM Macht Knochen und Zähne hart. Unverzichtbar für die Muskelfunktion, die Blutgerinnung und die Weiterleitung von Signalen im Nervensystem.	**MAGNESIUM** Viele Stoffwechselvorgänge sind auf diesen Mineralstoff angewiesen, vor allem solche, die Energie verbrauchen oder liefern. Die Muskeln brauchen Magnesium zum Funktionieren und auch die Nerven. Dem Knochen verleiht Magnesium Stabilität.	**PHOSPHOR** Unverzichtbar für den Knochen, außerdem für die Energiegewinnung und -verwertung. Bestandteil der Zellwand und des Erbguts in jeder Zelle.
JOD Die Schilddrüse braucht Jod, um es in die Schilddrüsenhormone einzubauen.	**EISEN** Zwei Drittel des Körpereisens stecken im roten Blutfarbstoff. Dieser Farbstoff in den roten Blutkörperchen ist der Sauerstoffträger. Daneben spielt Eisen bei weiteren lebenswichtigen Vorgängen eine Rolle.	**ZINK** Spielt eine Rolle im Stoffwechsel von Kohlenhydraten, Fett und Eiweiß. Ist wichtig für Wachstum, Wundheilung, ein effektives Immunsystem und den Geschmackssinn. Zusammen mit Vitamin A ermöglicht es das Sehen bei Dämmerung.

Inhaltsstoffe von Obst und Gemüse

OBST	VITAMINE	MINERALSTOFFE
Ananas	C	Kalium, Magnesium
Apfel	Biotin	Kalium, Eisen
Aprikose	A und Provitamine (Karotinoide)	Kalium, Phosphor, Eisen
Banane	Niacin, B6, Folsäure	Kalium, Magnesium, Phosphor
Birne	C, Folsäure	Kalium
Brombeeren	C, Folsäure	Kalium, Kalzium, Magnesium, Phosphor, Eisen
Erdbeeren	C, Folsäure	Kalium, Magnesium, Phosphor, Eisen
Grapefruit	C	Kalium, Magnesium
Himbeeren	C, Folsäure, Biotin	Kalium, Kalzium, Magnesium, Phosphor, Eisen
Honigmelone	C, A und Provitamine (Karotinoide)	Kalium, Magnesium, Phosphor
Johannisbeeren	C, Folsäure, Biotin	Kalium, Kalzium, Magnesium, Phosphor, Eisen
Kirschen	C, Folsäure	Kalium, Magnesium, Phosphor
Kiwi	C, K	Kalium, Kalzium, Magnesium, Phosphor, Eisen
Mandarine	C	Kalium, Kalzium, Magnesium
Mango	C, A und Provitamine (Karotinoide), Folsäure, Biotin	Kalium, Magnesium
Melone (grün)	C, A und Provitamine (Karotinoide), Folsäure, Biotin	Kalium, Magnesium, Phosphor, Eisen
Nektarine	A und Provitamine (Karotinoide)	Kalium, Magnesium, Phosphor
Orange	C, B1, Folsäure, Biotin	Kalium, Kalzium, Magnesium, Phosphor
Pfirsich	C, Biotin, K	Kalium, Phosphor, Eisen
Pflaumen	Niacin, Pantothensäure, K	Kalium, Magnesium
Stachelbeeren	C, Folsäure	Kalium, Magnesium, Phosphor, Eisen
Wassermelone	C, Biotin, Panthotensäure	Kalium

GEMÜSE	VITAMINE	MINERALSTOFFE
Blumenkohl	C, B1, B6, Folsäure, Pantothensäure, K	Kalium, Magnesium, Phosphor, Eisen
Bohnen	Biotin, K	Kalium, Kalzium, Magnesium, Phosphor, Eisen
Brokkoli	C, B1, B2, Folsäure, Pantothensäure, A und Provitamine K	Kalium, Kalzium, Magnesium, Phosphor, Eisen, Jod, Zink
Chicorée	A und Provitamine (Karotinoide)	Kalium, Magnesium, Eisen
Chinakohl	C, Folsäure	Kalium, Kalzium, Eisen
Endivie	Folsäure, A und Provitamine (Karotinoide)	Kalium, Kalzium, Magnesium, Phosphor, Eisen
Erbsen	B1, B2, Niacin, Folsäure, Pantothensäure, Biotin, K	Kalium, Magnesium, Phosphor, Eisen, Zink
Feldsalat	Folsäure, A und Provitamine (Karotinoide)	Kalium, Magnesium, Phosphor, Eisen, Jod
Fenchel	C, B1, A und Provitamine (Karotinoide), E, K	Kalium, Kalzium, Magnesium, Phosphor, Eisen
Grünkohl	C, B1, B2, B6, Folsäure, A und Provitamine, E	Kalium, Kalzium, Magnesium, Phosphor, Eisen, Jod
Gurke	C, Folsäure, K	Kalium, Eisen
Kohlrabi	C, Niacin, Folsäure	Kalium, Kalzium, Magnesium, Phosphor, Eisen
Mais	Niacin, B6, Pantothensäure	Kalium, Magnesium, Phosphor
Mangold	C, B2, A und Provitamine (Karotinoide)	Kalium, Kalzium, Phosphor, Eisen
Möhren	A und Provitamine (Karotinoide)	Kalium, Kalzium, Magnesium, Eisen, Jod
Rosenkohl	B1, B2, B6, Folsäure	Kalium, Magnesium, Phosphor, Eisen, Zink
Rote Bete	C, Folsäure	Kalium, Magnesium, Phosphor, Eisen
Rotkohl	E, K	Kalium, Kalzium, Magnesium, Eisen
Sauerkraut	C, B6	Kalium, Kalzium, Magnesium, Phosphor
Sellerie	B6, A und Provitamine (Karotinoide), K	Kalium, Kalzium, Phosphor, Eisen
Spinat	C, B1, B2, B6, A und Provitamine, Folsäure, Biotin, E, K	Kalium, Kalzium, Magnesium, Phosphor, Eisen, Jod
Weißkohl	C, E, K	Kalium, Kalzium, Magnesium, Eisen
Wirsing	B1, B6, A und Provitamine (Karotinoide), E	Kalium, Kalzium, Magnesium, Phosphor
Zuchini	B1, Folsäure, K	Kalium, Magnesium, Eisen

B.A.R.F.

Abschliessende Bemerkung: »Der Grüne Hund«

Die Todesstunde der Hündin Anne war die Geburtsstunde unseres Projektes »Der Grüne Hund«. Alle Gesundheitstexte, unsere Homepage, unser Streben nach besserem Wissen und Veränderungen und alles, was hundherum glücklich macht und gesund erhalten soll, sind ihr gewidmet.

In der Hoffnung, dass diese Futterfibel viele Hundehalter und -liebhaber neugierig macht, vielleicht sogar anregt oder überzeugt, etwas in Hinsicht Fütterung zu ändern, zu verbessern zum Wohle des Hundes, wünschen wir viel Spaß und Erfolg!

Literaturnachweis
Ammermann/Baker/Lewis, Bioavailability of Nutrients for Animals: Amino Acids, Minerals, Vitamins
Anderson/Meyer, Ernährung und Verhalten von Hund und Katze
Billinghurst, Give your dog a bone
Billinghurst, Grow your pups with bones
Case, Ernährung von Hund und Katze
Delarue, Impfungen
Dowell, Vitamins in Animal Nutrition
Durst-Benning, Kräuterapotheke für Hunde
Frey/Löscher, Lehrbuch der Pharmakologie und Toxikologie für die Veterinärmedizin
Frost, Naturnahe Ernährung für Hunde
Grimm/Zittlau, Vitaminschock
Helmke Hausen M., Lebensquell Schüßlersalze
Hirte, Impfen Pro und Contra
Iben, Diätmanagement bei Hund und Katze
Krautwurst, 1 x 1 der Hundeernährung
Meyer/Zentek, Ernährung des Hundes
Meyer/Zentek, Hunde richtig füttern
Miehlke Prof. Dr. K./Williams Prof. Dr. R. M., Enzyme
Niemand, Klinikum der Hundepraxis
O'Driscoll, Help your dog to stay young and beautyful
O'Driscoll, What Vets don't tell us about Vaccination

Abschließende Bemerkung

Pollmer/Warmuth, Lexikon der populären Ernährungsirrtümer
Préland, Allergologie beim Hund
Pschyrembel, Medizinisches Wörterbuch
Schäfer/Messika, http://www.der-gruene-hund.de
Schultze, Natural nutrition for dogs and cats
Tenney, Today's Herbal Health
Torel/Kammerer, Der 30jährige Krieg
Torel/Kammerer, Der Jahrtausendirrtum der Veterinärmedizin
Volhard/Brown, The Holistic guide for a healthy dog
Hans G. Wolff, Unsere Hunde, gesund durch Homöopathie

Kontakt zu den Autoren:
E-Mail: info@der-gruene-hund.de (Fragen zur Internetseite sowie bei Fragen zu Produkten)
ernaehrungsfragen@der-gruene-hund.de (spezielle B.A.R.F.-Ernährungsfragen)
autoren@barf-buch.de (Direktkontakt zu Autoren)

Web: www.der-gruene-hund.de
(Mit vielen Tipps, Anleitungen, Onlineshop, Bezugsadressen etc.)

Partner: www.barf-buch.de
www.meinpartnerhund.de
www.westiepalace.de
www.gesunder-grosser-schweizer.de

Über die Autoren
Sabine L. Schäfer ist ausgebildete Verhaltenstherapeutin und Kynopädagogin, Trainerin, saarländische Sachverständige zum Schutze der Bevölkerung vor gefährlichen Hunden und Leiterin der verhaltenstherapeutischen Hundeschule »Mein Partner Hund« im Saarland.

Das Gemeinschaftsprojekt »Der Grüne Hund« entstand zusammen mit: Barbara R. Messika, die bedingt durch viele gesundheitliche Probleme ihrer ersten Hündin auf das Thema Hundeernährung und -gesundheit aufmerksam wurde. Auch sie entschied sich nach einer langer Vorbereitungsphase, unzähligen Telefonaten und vielen Gegenargumenten seitens der Veterinärmediziner für eine natürliche Rohernährung.

In diesem Sinne viel Spaß beim Lesen und Barfen!

B.A.R.F.

INDEX

A
Acerola 42, 72, 83, 85, 86
Alfalfa 56 f.
Allergien 6, 8, 76, 89
Aloe Vera 83, 88 f.
Ananas 29, 58
Äpfel 29, 58
Aprikosen 30, 58
Ausgewogenheit 9 f.
Aujeszky-Virus 57

B
Bananen 30, 58
Bierhefeflocken 58
Birnen 30, 58
Bohnen 42, 58
Bohnenkeime 56
Brennnesseln 56
Brokkoli 28, 42, 58
Brombeeren 31, 58
Bromelin 29
BSE 70
Butter 54, 58
Buttermilch 50, 58

C
Cashewnüsse 53, 58
Chinakohl 42, 58
Chlorella 58, 71 f., 75, 82 ff.
Cholesterinspiegel 29, 34

D
Distelöl 54, 72
Dorschspäne 58, 76
Durchfall 31 ff., 51, 73, 77 f.

Index

E
Eier 58, 74
Entgiftung 75, 84, 89 f.
Entwurmen 77 f.
Erbrechen 77
Erdbeeren 31, 58

F
Erdnüsse 53, 58
Fenchel 43, 58
Fisch 25, 58, 69
Folsäure 30, 42, ff.
Friseesalat 43, 58
Futterumstellung 9, 64

G
Geflügel 25, 26, 68 ff.
Gemüse 12 ff., 27 ff., 42
Gesamtmenge des Futters 12, 13 f.
Getreide 57, 58, 75
Gewicht des Hundes 10, 12 f.
Grünkohl 44, 58
Gurken 43, 58

H
Haselnüsse 52, 58
Heidelbeeren 32, 58
Himbeeren 32, 58
Holunderbeeren 32, 58
Homogenisierte Milch 50, 58
Honig 58
Hüttenkäse 50, 58

J
Joghurt 50, 58
Johannisbeeren 33, 58
Juckreiz 6, 75, 88

K

Kalbfleisch 25, 58
Kalbsbrustknochen 26
Kalbsrippen 26
Kalbsschwanz 22, 58
Kalzium, Aufgaben 10
Kalzium : Phosphor-Verhältnis 10
Kaninchen 26
Karotin 29 ff.
Karotten 44, 58
Kefir 50, 58
Kehlkopf 26
Kirschen 33, 58
Kiwis 33, 58
Klementinen 34, 58
Knoblauch 24, 56
Knochen 25, 69, 70 f., 79
Kohlrabi 45, 58
Koprophagie 78
Kot, schleimüberzogener 79
Kot, weißer und harter 79
Kräuter 72
Kürbis 45, 58

L

Lachsöl 54, 58
Lammfleisch 25
Lammrippen 26
Lauch 56
Lebertran 54, 58
Leckerlis 66
Leinöl 54, 58

M

Magengeschwüre 30
Magermilch 50
Mais 45, 58
Mandarinen 34, 58
Mandeln 57

Index

Mangold 44, 58
Milch 11
Milchprodukte 50 f., 73
Mineralstoffe, Gehalt in Lebensmitteln 91 ff.
Mirabellen 35, 58
Möhren 44, 58

N
Nachtkerzenöl 54, 58
Nachtschattengewächse 57
Nektarinen 35, 58
Nudeln 57
Nüsse 52, 58
Nussöl 55, 58

O
Obst 27 ff.
Obstbrei 39 ff.
Ochsenschwanz 26, 58
Öle und Fette 54, 74
Olivenöl 54, 58
Orangen 34, 58

P
Perna Canaliculus 58, 73
Pferdefleisch 25, 58
Pfirsiche 35, 58
Pflaumen 35, 38
Phosphat-Überschuss 11
Pistazien 52
Propolis 58, 74, 82, 86

Q
Quark 29 ff., 51, 58

R
Rapsöl 54, 58
Reis 57, 58
Reisflocken 58
Rindfleisch 25, 58

Rote Bete 46, 58
Rotkohl 47, 58
Rucola 47

S
Salmonellen 69
Satsumas 34, 58
Sauermilch 51
Schmand 51
Schweinefleisch 26, 68
Seealgenmehl 58
Sellerie 48, 58
Sojabohnen 56
Sojaprodukte 56
Spinat 48, 58
Spirulina 58, 71, 82
Spurenelemente, Gehalt in Lebensmitteln 93 ff.

V
Verstopfung 78
Vitamin C 34, 35, 73, 87
Vitamine, Gehalt in Lebensmitteln 91 ff.

W
Walnüsse 52, 58
Weißkohl 47, 58
Welpenfütterung 16, 62, 63
Wild 25
Wirsing 49, 58

Z
Ziegenfleisch 25, 58
Ziegenmilch 51, 58
Zucchini 49, 58
Zwetschgen 35, 58
Zwiebeln 56